IMAGINAGO em O incrível mundo das ANIMAÇÕES

São Paulo
2018

© 2018 by Universo dos Livros
Todos os direitos reservados e protegidos pela Lei 9.610 de 19/02/1998.
Nenhuma parte deste-livro, sem autorização prévia por escrito da editora, poderá ser reproduzida ou transmitida sejam quais forem os meios empregados: eletrônicos, mecânicos, fotográficos, gravação ou quaisquer outros.

Diretor editorial: **Luis Matos**
Editora-chefe: **Marcia Batista**
Assistentes editoriais: **Aline Graça e Letícia Nakamura**
Preparação: **Abordagem Editorial**
Revisão: **Mariane Genaro e Cely Couto**
Arte: **Aline Maria e Valdinei Gomes**
Capa: **Marina de Campos**

Dados Internacionais de Catalogação na Publicação (CIP)
Angélica Ilacqua CRB-8/7057

129i
  Imaginago
    O incrível mundo das animações / Imaginago. — São Paulo : Universo dos Livros, 2018.
    160 p.
    ISBN: 978-85-503-0281-2

    1. Filme cinematográfico 2. Walt Disney Company - Animação (Cinematografia) 3. Filmes infantis 4. YouTube (Recurso eletrônico) I. Título

18-0053   CDD 791.43

Universo dos Livros Editora Ltda.
Rua do Bosque, 1589 – Bloco 2 – Conj. 603/606
CEP 01136-001 – Barra Funda – São Paulo/SP
Telefone/Fax: (11) 3392-3336
www.universodoslivros.com.br
e-mail: editor@universodoslivros.com.br
Siga-nos no Twitter: @univdoslivros

SUMÁRIO

- [ ] A Bela e a Fera — 9
- [ ] A Família do Futuro — 15
- [ ] Aladdin — 19
- [ ] Bernardo e Bianca — 25
- [ ] Detona Ralph — 29
- [ ] Irmão Urso — 35
- [ ] Mogli, o menino lobo — 41
- [ ] O cão e a raposa — 45
- [ ] A pequena sereia — 51
- [ ] Branca de neve e os sete anões — 57
- [ ] Cinderela — 61
- [ ] Dumbo — 65
- [ ] Lilo & Stitch — 71
- [ ] Moana — 77
- [ ] O rei leão — 83
- [ ] A dama e o vagabundo — 89
- [ ] A princesa e o sapo — 95
- [ ] Operação Big Hero — 101
- [ ] Enrolados — 105
- [ ] Peter Pan — 109
- [ ] Frozen — 113
- [ ] Pinóquio — 117
- [ ] Mulan — 121
- [ ] O planeta do tesouro — 125
- [ ] Tarzan — 131
- [ ] Ursinho Pooh: Um ano muito feliz — 137
- [ ] O corcunda de Notre Dame — 141
- [ ] Pocahontas — 147
- [ ] Zootopia: Essa cidade é o bicho — 151
- [ ] O caldeirão mágico — 157

– Assinale aqui quais capítulos já leu –

Para minha mãe, que assistiu,
repetidas vezes, todos esses filmes comigo.

A BELA E A FERA
(1991)

"Porém, ela o aconselhou a não se deixar enganar pelas aparências, pois a beleza está no interior das pessoas."

Narrador

Na sociedade contemporânea, principalmente a ocidental, o culto à beleza é algo presente em quase tudo. A chamada "ditadura da beleza" dita como devemos nos portar, vestir e consumir. Tudo o que a modelo internacional usa nas passarelas se torna referência da moda. O galã do filme ou da novela consegue o papel mais importante mais por sua beleza do que por seu dom de atuar. O bonito tem valor, o feio é... feio. Os valores impostos por essa sociedade moderna são superficiais a ponto de muitos serem julgados e tratados por sua aparência antes mesmo de qualquer outra abordagem.

A beleza interior é o principal tema de *A bela e a fera*, animação musical da Walt Disney Pictures, lançada em 1991 e dirigida por Kirk Wise e Gary Trousdale. O filme tornou ainda mais famoso o conto francês *La Belle et la Bête*, primeira versão da história de Gabrielle-Suzanne Barbot, publicada na *La jeune américaine ou les contes marins*, em 1740. A versão mais conhecida foi um resumo da obra publicada já em 1756 por Madame Jeanne-Marie LePrince de Beaumont, uma governanta francesa que estava na Inglaterra para ensinar sua língua a garotas locais.

No conto moderno, o príncipe é um ser que cultua a beleza, que dá grandes festas e leva uma vida muito superficial em seu castelo, rodeado por criados e convidados da nobreza. Certa vez, a visita de uma senhora maltrapilha mostra o pior do príncipe, que desdenha da figura destoante da realidade do castelo. A senhora na verdade é uma poderosa feiticeira, que coloca uma maldição no príncipe e em toda sua corte: o jovem se tornaria uma fera até que um dia alguém descobrisse sua beleza interior e se apaixonasse verdadeiramente por ele. Os criados são transformados em objetos animados, e a Fera, uma figura grotesca aos olhos de qualquer um, passa a viver sozinha em seu castelo.

Anos depois, uma jovem francesa chamada Bela, em busca

de seu pai desaparecido, acaba por achar o castelo da Fera. Encontrando seu pai, ela troca de lugar com ele e passa a ser a prisioneira do monstro. Conforme a trama se desenrola, a convivência entre os dois permite que Bela conheça o interior da Fera, que por sua vez tem seu coração acalmado pela jovem. No fim, o amor verdadeiro mútuo quebra a maldição.

Na história, a relação entre o valor interior e a aparência é abordada de diversas formas. Bela, inteligente e à frente de sua época, gosta de "devorar livros" para adquirir conhecimento. Em sua pequena cidade, é vista como deslocada e, apesar de bonita, não segue o padrão de beleza da sociedade em que vive. Na mesma cidade, o herói local, Gaston, é um ser narcisista e arrogante, idolatrado por sua beleza. No entanto, a única mulher que não tem olhos para seu rosto é justamente seu interesse amoroso, Bela, que enxerga além da beleza exterior do "herói".

A discussão da beleza interior é totalmente atual, pois está relacionada aos "modelos" da sociedade moderna a respeito dos símbolos de riqueza e poder. O bullying, tratamento negativo de violência física ou psicológica, é um dos temas destacados na obra. O termo se refere a determinadas pessoas que não correspondem a um padrão imposto, e ocorre principalmente entre os mais jovens. Além disso, o preconceito também se encaixa nessa discussão, pois pessoas são classificadas ou tratadas de acordo com sua aparência física, sem que haja qualquer preocupação para que se descubram seus valores interiores. Esses comportamentos são retratados de maneira bem contemporânea na animação, pois os dois protagonistas sofrem dentro de suas realidades. Bela se destaca dos demais; Fera, por sua vez, é hostilizada pelo fato de sua aparência ir contra os padrões comumente aceitos em sociedade.

A Bela e a Fera, com raízes na mitologia grega e adaptações na França, mostra-se uma história moderna, com uma discussão profunda sobre a aparência. Bela tem todos os motivos para não se aproximar da Fera, o monstro que aprisionou seu pai e não tem suas intenções muito claras. Conforme vai convivendo como prisioneira da Fera, ela resolve dar uma chance para a criatura, o que a faz descobrir um ser que demonstra um comportamento contrário ao que rendeu sua maldição. Juntos, com o convívio e a troca de experiência, descobrem o verdadeiro valor de ambos.

Quem nunca passou ou presenciou uma situação na qual a aparência falou primeiro ou mais alto? A mensagem de *A Bela e a Fera* é rica, pois é a história de descoberta e amor verdadeiro, dos valores guardados por cada um de nós independentemente de nossa aparência.

Além da beleza interior, *A Bela e a Fera* se mostra rica em trazer temas secundários, mas com importância igual quando falamos em mensagens para toda vida. Essas mensagens estão ligadas principalmente à protagonista da história, Bela.

Ela se mostra forte, independente e muito à frente de seu tempo, um símbolo de algo que ainda é necessário para uma sociedade mais igualitária: o empoderamento feminino. Trata-se de um contraponto bem relevante com relação aos filmes mais antigos da Disney, que costumam ter a figura de princesas; mesmo que elas possuam grande importância, geralmente precisam do auxílio de outrem.

Bela é um caso que quebra todos esses paradigmas. Ao mostrar seu amor pelo pai, ela parte sozinha para encontrá-lo, é uma "devoradora de livros", amante do conhecimento, não cai nas graças de Gaston e vai de encontro com o conceito de que o homem é quem decide com quem vai casar. Bela é uma figura imponente, um símbolo feminino na modernidade.

A FAMÍLIA DO FUTURO
(2007)

"Siga em frente."
Biscoito da sorte

A ficção científica sempre abriu diversas possibilidades em distintas áreas, principalmente no cinema e na literatura, para contar notáveis histórias de grande feitos da humanidade, ou nos passar simples mensagens importantes para nossa vida.

A Disney também tem seus filmes com elementos deste gênero tão importante, como *A família do futuro* (*Meet the Robinson* no original), animação baseada no livro *A day with Wilbur Robinson* do escritor William Joyce, e dirigida por Stephen J. Anderson. Juntas, animação e ficção são usadas no longa a fim de que viajemos ao futuro para que possamos ter uma ideia do que espera a humanidade, além de abordar outros assuntos muito importantes, os quais serão explicitados em seguida.

Em *A família do futuro,* há o personagem Lewis, um garoto que foi deixado ainda bebê pela mãe em um orfanato, onde cresceu com a esperança de ser adotado. Ele sonha ter finalmente uma família para chamar de sua. Ao longo dos anos, Lewis comprovava seu talento de prodígio, principalmente por sua inteligência e suas invenções malucas. O jovem gênio mostrou ser um grande inventor a cada novo artefato "trazido à vida". No entanto, sua fama acabou por distanciar possíveis famílias com desejo de adotá-lo, pois temiam por seu desenvolvimento precoce.

Aos 12 anos, Lewis resolveu fazer algo importante em sua vida: encontrar sua mãe biológica. Para tal missão, ele criou uma espécie de "scanner de memória", uma máquina capaz de resgatar lembranças perdidas há muito tempo. Sua esperança era vasculhar a própria mente atrás de uma pista que levasse à sua verdadeira mãe.

No entanto, ao exibir sua invenção em uma feira científica em sua escola, chamou a atenção do misterioso Cara do Chapéu-Coco, o vilão do filme. Outro que acabou surgindo graças à invenção foi Wilbur Robinson, um jovem que alegou ser um policial do futuro. Wilbur alerta que a invenção de Lewis está sob perigo e leva o jovem inventor ao futuro, para viver diversas aventuras com a família Robinson.

Em meio às aventuras de Lewis, a busca por sua mãe, seu brilhantismo materializado em suas invenções e outros elementos que formam *A família do futuro*, temos a grande mensagem do filme: acreditar em seus sonhos e lutar por eles.

O jovem inventor, que sofre por não ser adotado, encontra forças para colocar em prática suas ideias, até que seu principal objetivo é encontrar a mãe que nunca conheceu. Apesar de todos os percalços, Lewis não desiste de seus ideais.

Como inventor, o erro faz parte do sucesso e essa é uma grande lição que o menino deixa para quem assiste às suas aventuras: mesmo que falhe pelo caminho, não pare. Os fracassos fazem parte da vida, aos montes, e sempre estarão à espreita para nos derrubar. Portanto, o segredo é não se deixar abalar.

A fé move montanhas, e a força de vontade é o nosso motor. A Disney nos mostra que, quando a vida se torna difícil, não devemos deixar que coisas negativas nos derrubem.

Outra grande mensagem faz parte não só da trajetória do protagonista como também de outros personagens: deixe para trás o que te aflige. Para superar os problemas, não devemos carregá-los, tal qual um fardo, já que podem nos consumir ou atrapalhar. Livrar-se de coisas negativas é essencial para um caminho mais claro, pavimentado sobre as adversidades. Portanto, como diz a mensagem do biscoito da sorte aberto por Lewis, "siga em frente".

ALADDIN
(1992)

"Você confia em mim?
Confia em mim?"

Aladdin

As mil e uma noites (coleção de histórias e contos populares originários do Oriente Médio e do sul da Ásia, compiladas em livro) fazem parte do imaginário humano. Delas, as histórias sobre tesouros, criaturas fantásticas e palácios preencheram, e ainda preenchem, nossa imaginação. Foi no árido deserto que a Disney buscou inspiração para contar uma de suas histórias mais famosas, sobre um jovem pobre, um vizir maquiavélico, uma princesa que queria experimentar a vida além dos muros de seu palácio, e um item mágico capaz de satisfazer os desejos de quem o possuísse.

No entanto, muito além da aventura e da emoção de personagens carismáticos, a Disney foi capaz de abordar temas sérios, importantes em tempos de mudanças de paradigma, como o empoderamento feminino e a fragilidade da mentira.

Aladdin, dirigido por John Musker e Ron Clements, se passa no Oriente Médio, em uma cidade fictícia e grandiosa chamada Agrabah. Seu vizir, Jafar, está atrás de uma lâmpada mágica, artefato capaz de realizar qualquer desejo de quem o possuir, para poder reinar sem qualquer tipo de dificuldade. A cidade também é lar de um garoto chamado Aladdin, que anda pelos becos em busca de sobrevivência, e da jovem Jasmine, a princesa que vive em seu palácio, presa às tradições e à espera de um indesejado pretendente escolhido por seu pai, o sultão.

Para cumprir seu plano de conquistar Agrabah, Jafar usa Aladdin para encontrar a lâmpada misteriosa presa dentro de uma caverna. Apesar de inúmeros perigos, Aladdin consegue o artefato, mas é deixado para a morte por Jafar. Na caverna, o garoto conhece a fonte do poder da lâmpada, o Gênio, que lhe promete três desejos. A partir daí, o jovem consegue escapar da caverna.

O objetivo de Aladdin é encontrar mais uma vez Jasmine,

pois a jovem havia fugido de seu palácio para conhecer o mundo exterior. Junto com outros queridos personagens, como o tapete voador, o macaco Abu e o próprio Gênio, tenta impedir os planos de Jafar de conquistar Agrabah.

A história de Aladdin é cativante e cheia de aventura. Ao mesmo tempo, trata de temas bastante importantes e atuais, principalmente relacionados à princesa Jasmine.

Quando Aladdin encontra o Gênio e escapa da caverna, seu primeiro desejo é: ser um príncipe. Assim, ele poderia voltar para Agrabah com toda pompa de alguém rico e ser o pretendente de Jasmine.

Ele entra em Agrabah com direito a uma grande carreata, recebido pelo sultão, mas é deixado de lado pela princesa, acostumada a ser cortejada por príncipes entojados. Mesmo com todo o dinheiro e glamour, Aladdin, aos olhos de Jasmine, é só mais um. Ele deixou sua essência, seu comportamento de quando os dois se encontraram nas ruas de Agrabah, ela uma simples menina, ele um simples menino.

Aladdin nos ensina que tentar ser o que você não é se torna algo ruim e nada substitui a franqueza. Devemos ser naturais, mostrar nossas qualidades e não tentar ser o que não somos de verdade. Disfarçar nosso *eu* verdadeiro nos leva a mentir, um dos maiores erros que podemos cometer. A mentira, invariavelmente, um dia acaba sendo revelada, algo que só traz problemas para nós mesmos e para as outras pessoas.

Outro ponto importante abordado por *Aladdin* diz respeito à Jasmine: decidir seu próprio destino. A princesa de Agrabah é rica e poderosa, vive em um palácio e tem tudo o que o dinheiro pode comprar. No entanto, não pode nem deixar os portões de seu lar, pois está presa à sua vida de princesa, que aguarda a chegada de um pretendente para se casar.

Jasmine quer mais do que isso para sua vida e não mede

esforços para ultrapassar barreiras que são impostas. A princesa não aceita o destino que lhe é determinado: ela quer sair do palácio quando bem desejar, escolher seu parceiro e ser livre para fazer o que quiser. Deixar o palácio escondida, negar seus pretendentes, estar junto com Aladdin contra Jafar são atitudes que ela toma ao longo do filme para mostrar sua fibra. Jasmine é um exemplo de empoderamento feminino, da equidade que deve ser dada a ambos os gêneros. Assim como Aladdin, ela quer fazer seu destino e não deixar que os outros decidam por ela.

A liberdade que Jasmine busca também se aplica ao Gênio da lâmpada, que possui poderes cósmicos e fenomenais, mas está dentro de uma lampadazinha apertada e à mercê dos desejos de quem possuir o pequeno artefato. O Gênio anseia pela mesma liberdade de Jasmine e consegue graças à sua amizade com Aladdin.

BERNARDO E BIANCA
(1977)

"Nós temos que encontrá-la e ajudá-la."
Bernardo

Apesar de os escutarmos milhares de vezes ao longo de nossas vidas, os ditados mostram uma boa parcela da sabedoria popular. Um deles em especial é importante para o convívio em sociedade: "A união faz a força". A ajuda alheia pode fazer a diferença, já que o ser humano não é uma "ilha", alguém sozinho e autossuficiente, capaz de resolver tudo. Quando essa ajuda vem de alguém inusitado, traz uma sensação ainda melhor de bem-estar. Oferecer ajuda sem pedir nada em troca é algo muito importante.

Ajudar o próximo é essencial, principalmente aqueles que mais precisam de uma palavra ou ação amiga. Para abordar o assunto, a Disney criou uma obra singela, empolgante e que mostra a diferença que pode fazer a ajuda, independentemente de onde vier. *Bernardo e Bianca*, adaptação da obra de Margery Sharp, dirigido por Wolfgang Reitherman e John Lounsbery, traz a história do casal de ratinhos que dá nome ao filme no Brasil. Bernardo e Bianca são membros da Sociedade de Resgate, entidade formada por roedores de todo o mundo, que está pronta para entrar em ação para ajudar aqueles que estão em apuros.

A nova missão leva os protagonistas até a Baía do Diabo, tendo como objetivo ajudar uma órfã chamada Penny. A menina foi sequestrada pela malvada Madame Medusa, a antagonista do longa-metragem. A megera raptou a menina para que a jovem entrasse em uma caverna e encontrasse a maior pedra preciosa do mundo, o Olho do Diabo. Medusa e seus ajudantes, que não medem esforços para obter o artefato, prenderam a pequena Penny, sem que ela pudesse ter a esperança de escapar das garras da vilã. É aí que entraram em cena Bernardo e Bianca para ajudar a jovem.

A mensagem de Bernardo e Bianca é uma das mais importantes dos filmes da Disney: não importa seu tamanho, você sempre pode ajudar. Penny estava em perigo sem família ou possibilidade de avisar alguém que pudesse ajudá-la. Quem imaginaria que, em um caso desses, dois pequeninos ratos poderiam fazer a diferença? Porém, toda ajuda conta, e essa é a mensagem do filme. Em nossa vida, a ajuda pode vir dos lugares mais inusitados, portanto não despreze as pessoas, pois cada uma delas pode ser a resposta para um problema que enfrentamos.

Se podemos receber ajuda, alguém precisa agir. Logo, é preciso ser ativo e ter a empatia necessária para estender a mão ao próximo. Ajude para ser ajudado. Gentileza gera gentileza onde quer que você esteja.

Ajudar o semelhante é um tema muito frequente nos filmes e também uma mensagem muito forte. Não importa seu tamanho, poder aquisitivo ou habilidade: todos nós somos capazes de ajudar o próximo. Ser um cidadão consciente, respeitar as leis, praticar a caridade, compartilhar o que nos sobra, agira em prol de entidades especializadas em auxílio dos mais necessitados, todas são ações que podemos realizar.

O belo casal de ratinhos foi capaz de responder ao chamado de Penny. Eles e os demais roedores, e não os maiores animais do mundo. No final, o que conta é a força de vontade em ajudar.

DETONA RALPH
(2013)

"Sou bom e isso é mau; eu nunca vou ser bom e isso não é mau. Não há ninguém que eu prefira ser além de mim."

Ralph

O planeta Terra nunca esteve tão povoado. Caminhamos para a marca de 8 bilhões de seres humanos, um número impressionante. São quase 8 bilhões de seres singulares, cada um com suas conquistas, fracassos, erros e acertos. Cada um com sua história. Do nascer do sol ao momento em que fechamos os olhos para dormir novamente, temos novas oportunidades, para o bem ou para o mal. Estudamos, trabalhamos, somos explorados, exploramos ou, ao menos, tentamos fazer a diferença em nossas vida ou na de outros.

A experiência de cada um é algo pessoal, que pode ser influenciada pelos demais, mas, no final das contas, é sempre construída por nós. Esse pensamento sobre a busca por nosso espaço e construção de nossa identidade é a essência da animação *Detona Ralph*, de 2013, dirigida por Rich Moore. Para os mais desavisados, trata-se de um filme que homenageia o mundo dos games, e traz um momento de nostalgia para aqueles que cresceram junto aos jogos eletrônicos, um lazer cada vez mais presente no cotidiano dos jovens. Como é padrão na Disney, a homenagem aos videogames é apenas uma das várias camadas que formam o filme, o pano de fundo para uma linda história de busca pelo autoconhecimento.

Em *Detona Ralph*, o personagem Ralph é o vilão do jogo *Conserta Felix*. Sim, o protagonista do filme não é o grande herói de seu jogo, mas o antagonista. No filme, *Conserta Felix*, que está prestes a completar trinta anos de seu lançamento, é um jogo de fliperama no qual Ralph deve tentar tentar derrubar de um prédio Felix, o verdadeiro herói do jogo. No entanto, Felix, com a ajuda do jogador, acaba sempre alcançando o topo do prédio e Ralph é sempre derrotado. *Conserta Felix* é inspirado em *Donkey Kong*, jogo que marcou a estreia do personagem Mario Bros., em 1981, quando o encanador italiano ainda se chamava Jumpman.

Ao mostrar Ralph e Felix em ação, a Disney nos convida a

entrar no mundo dos personagens dos videogames quando eles não estão atuando no jogo. Assim, vemos o que fazem fora dele, no momento que estão de folga.

Nessa situação, Ralph se sente mal por sempre sofrer o mesmo destino: tentar a destruição dos prédios e ser impedido e derrotado pelo herói. Apesar das reuniões com outros vilões para falar sobre o assunto, Ralph resolve mudar a maneira como é visto pela sociedade gamer. Ele deseja ser valorizado e, quem sabe, até receber sua medalha de herói, o símbolo da vitória que Felix recebe toda vez que o jogador é bem-sucedido em seu jogo. Ralph não quer ser mais visto como o vilão, aquele que está no jogo apenas como um simples degrau para a consagração de Felix.

Com a ajuda da pequena Vanellope, personagem considerada um bug de um jogo de corrida no qual Ralph acaba entrando, nosso protagonista parte em uma aventura contra rei Candy, personagem do jogo de Vanellope, Felix e a heroína Calhoun pelo mundo dos videogames para mudar sua realidade e concretizar seus sonhos.

As motivações de Ralph movem as mensagens da Disney em *Detona Ralph*, pois, em sua jornada, o vilão/herói descobre muito sobre sua existência e seu objetivo.

A maneira como Ralph era visto na sociedade dos games foi o que motivou sua jornada. Aqui, a Disney mostra que não podemos deixar que outros definam como e o que devemos ser. Assim, precisamos descobrir quem somos por conta própria, sem nos deixar influenciar pelos demais.

Hoje, mais do que nunca, somos influenciados por tudo e por todos: como agir, o que fazer, para onde ir. Ralph parte em sua busca pela medalha, pois não quer ser mais o vilão. Criar nosso próprio destino é uma mensagem valiosa da Disney, pois nos encoraja a agir para mudar nossa condição.

Com o desenrolar da história, os personagens do mundo dos videogames descobrem o valor de Ralph: ao invés de um vilão, ele demonstra ser uma pessoa boa, que foi programada a agir de determinada forma. Sem sua intervenção no jogo, não haveria motivo para a reconstrução feita por Felix. O que a Disney nos diz? Todos nós temos importância. Cada um tem seu valor e deve ser respeitado por isso. Ninguém é mais importante e cada um tem sua parcela do mundo em que vivemos.

A ação de Ralph desencadeia uma série de fatos que resultam na diversão de quem joga *Conserta Felix*. No jogo, sua ação é vista como de vilania, mas a verdade é que o personagem tem seu propósito e sem ele o jogo não tem sua função. A importância de Ralph, ou de qualquer um de nós no universo, é algo único.

IRMÃO URSO
(2003)

"Deixe o amor guiar suas ações e um dia você será um homem."

Tanana

A Disney é uma das maiores contadoras de história da humanidade. Seus filmes, suas animações e seus contos são recheados de mensagens para nossa vida. Alguns filmes possuem maior apelo ou são mais populares, mas todas as histórias possuem sua importância. Um filme que não recebe a atenção merecida pelo público é um longa-metragem com mensagens tocantes e importantes, mas que não está entre os citados quando falamos de animações. Trata-se de *Irmão urso*, uma animação de 2003 dirigida por Aaron Blaise e Robert Walker, que conta uma história com diversas lições importantes, que nos conecta à natureza, o destino e nossa própria espiritualidade.

Irmão urso se passa na América do Norte, após a Era do Gelo. Três irmãos – Sitka, Denahi e Kenai – fazem parte de uma tribo de nativos americanos que sobrevive graças à sua harmonia com a natureza. Kenai, o mais jovem dos três, passará por uma cerimônia para se tornar um adulto perante a tribo. Em sua tradição, cada ser humano representa um animal e em determinada idade recebe um totem, das mãos do xamã, com a figura de um animal que o representa, mostrando uma parte do que ele será na vida.

Kenai está ansioso para saber qual talismã receberá; no entanto, sua expectativa acaba quando finalmente recebe o artefato com a figura do urso, que representa o amor. Na verdade, Kenai não fez questão de saber o valor do item que acabara de receber, que também representa sabedoria ou valentia.

Pouco depois, um urso rouba uma cesta de peixes. Denahi e Kenai tentam enfrentar o grande animal, mas acabam em perigo. Sitka surge para defender os irmãos, mas acaba morrendo. O urso também tomba, pelas mãos de Kenai. Sua atitude de matar um animal, porém, é vista de maneira negativa pela tribo.

Kenai acaba transformado pelas forças da natureza no mesmo tipo de criatura que matou, o mesmo de seu totem.

Sem alternativas, deixa a tribo na busca de uma maneira de reverter a transformação. Para isso, deve demonstrar o amor que é simbolizado pelo urso. Em sua jornada, conhece e passa a proteger um pequeno urso, Koda. Juntos eles partem para encontrar uma aurora boreal, local onde a transformação poderia ser revertida. *Irmão urso* mostra, a partir daí, a jornada dos dois, que sofrem com a perseguição de Denahi, que passou a odiar ursos após a morte do irmão.

A riqueza de *Irmão urso* está em suas diversas mensagens, que juntas formam uma história poderosa e densa. A primeira que podemos abordar é sobre aceitar as diferenças. Mais uma vez, o preconceito é abordado pela Disney e, nesse filme em especial, mostra que as ideias preconcebidas podem causar grandes problemas. No filme, há um preconceito muito grande entre homens e ursos, simbolizando as sociedades que se tornam inimigas sem que uma conheça a outra.

A necessidade biológica do urso "roubar" para poder comer gerou mais uma interação desastrosa entre os animais e os humanos. O que se seguiu foi a transformação de Kenai em um urso, que passasse a sofrer a perseguição de seu irmão, que queria vingar a morte de Sitka e descontar em qualquer urso que atravessasse seu caminho. Aqui vale uma reflexão sobre o preconceito. No filme, a imagem dos humanos em relação aos ursos é péssima. Claro que esses grandes animais podem ser uma ameaça, mas o pensamento de que todos eram malvados e destruidores, e não animais que seguiam seus instintos em busca da sobrevivência, acabou por gerar o episódio da morte de Sitka.

Ao transportarmos para uma discussão atual, o preconceito cega pessoas, que passam a atacar ou tratar mal as outras pelo simples fato de serem diferentes. A xenofobia ou homofobia são exemplos. Determinados grupos passam a ser hostilizados e calamidades acontecem. O filme vem para mostrar que ter esse comportamento causa tragédias.

O ponto em questão nos leva à forte mensagem do filme, que é o amor. Kenai recebeu o totem do urso, que representa o sentimento de amor. Todas as ações que levaram a grandes mortes dos filmes foram motivadas por falta desse amor, principalmente a jornada de vingança de Denahi. Já por parte de Kenai, que adotou Koda por sua fragilidade perante o mundo, seu sentimento foi capaz de impulsioná-lo pela história. O amor, e a falta dele, são pontos importantes que o filme aborda em muitas de suas passagens.

Por fim, *Irmão urso* traz uma grande mensagem em relação à proteção da natureza. Kenai, ao se ver na pele de urso, passa a ter a visão dos animais e adquire a noção de como o homem faz mal à natureza. Vivemos em um mundo que já não comporta a ação desenfreada da civilização moderna, que a cada dia destrói florestas, polui os mares e acaba com a vida selvagem. Temos que nos colocar na posição de Kenai, que viu do que o homem é capaz, e nos tornar menos nocivos ao planeta.

MOGLI, O MENINO LOBO
(1967)

"Necessário, somente o necessário. O extraordinário é demais."

Baloo

Um dos temas mais recorrentes nos filmes da Disney é o valor da amizade. Não é para menos: a amizade é fundamental em nossa vida – e não só entre amigos. A amizade valorizada pela Disney é aquela que existe na família, com parentes, amigos de infância ou do trabalho. É um tema bastante trabalhado e valorizado, pois a amizade, ao unir as pessoas, pode mover montanhas.

Mogli, o menino lobo, de 1967, dirigido por Wolfgang Reitherman, é um dos maiores clássicos da Disney justamente por abordar a amizade. Mogli é um ser humano abandonado em uma selva na Índia ainda quando criança. Em um ambiente hostil, indefeso, o garoto é encontrado em uma cesta por Bagheera, uma pantera negra. A criatura percebe a condição do humano e o tira do perigo, e decide deixar com os lobos a responsabilidade de criá-lo. O crescimento do garoto é acompanhado por Bagheera. Outro animal que também faz parte do crescimento de Mogli é o urso Baloo, que se torna seu grande amigo e confidente, parceiro de aventuras. O filme ainda traz o tigre Shere Khan, a grande ameaça aos demais animais, descontente por justamente protegerem o menino e criá-lo como um animal em vez de tratá-lo como um ser humano, o que traz problemas à natureza e aos animais que vivem no local.

A forte mensagem de *Mogli, o menino lobo* diz respeito ao poder da amizade: faça bons amigos, mantenha-os por perto e sentirá a diferença. Mogli não teria chance na natureza selvagem, principalmente contra o tigre Shere Khan, se não tivesse ao lado Bagheera, Baloo e todos os outros animais que o adotaram. Graças a eles, conseguiu sobreviver. A amizade verdadeira e ter companheiros que estão ao seu lado para enfrentar os momentos ruins fez toda a diferença. A Disney ensina mais uma vez uma lição importante ao nos mostrar que devemos cultivar a amizade para podermos crescer em todos os sentidos.

Esse crescimento pessoal proporcionado pela amizade verdadeira também está conectado a outra mensagem de *Mogli, o menino lobo*: a força interior. Representada pelos personagens, outra poderosa lição do filme é que devemos buscar nosso potencial que vem de dentro. É verdade que todos temos medo do desconhecido, do futuro e todas as possibilidades que a vida nos apresenta. É normal ter medo, no entanto, torna-se algo negativo quando o sentimento toma as rédeas de nossa vida. Acreditar em nosso potencial e acreditar em si para enfrentar os medos nos torna melhores. Muitas coisas podem mudar e acontecer graças à força de vontade.

Por fim, sempre que a Disney mostra a natureza em suas produções, a contadora de histórias nos ensina a importância em dar valor às coisas mais simples. A harmonia vista entre Mogli e os demais animais é valorizada. Mogli aprende com seus amigos como não deve se preocupar com coisas fúteis, mas sim dar valor ao que a natureza pode oferecer e como é valiosas estar atento ao que realmente importa. Mais uma vez, a Disney consegue interligar suas intenções em mensagens importantes, ao mostrar que, por exemplo, as coisas simples, mas não menos significativas, são a amizade e enfrentamento dos medos interiores.

O CÃO E A RAPOSA
(1981)

"— Nós vamos ser amigos para sempre, não vamos?— É, para sempre."

Dodó e Toby

Para alguns, as discussões sociais feitas atualmente, como o preconceito, são temas novos ou passageiros. Na verdade, estas pessoas mal informadas não sabem que há tempos pessoas lutam por direitos iguais, por maior participação das mulheres e minorias na sociedade, pela eliminação de rixas entre determinados grupos etc. A Disney tem abordado alguns temas importantes em suas animações ao longo do século xx, mostrando que também pode dar sua contribuição.

O cão e a raposa, dirigido por Richard Rich, Ted Bermane Art Stevens, é inspirado no livro de Daniel P. Mannix, de 1967. A história foi levada para o cinema em 1981, a qual aborda a luta por algumas causas citadas acima.

Na animação, a raposa Dodó, após perder a mãe baleada em uma caçada, é adotada por uma senhora humana em sua fazenda. Lá, ela é criada junto com o cachorro Toby, de uma fazenda vizinha, cujo dono, Samuel Guerra, é caçador. Mesmo sendo de espécies diferentes, Dodó e Toby criam uma forte amizade. Mesmo tendo sido alertado pela Mamãe Coruja que Toby seria um dia um cão de caça, Dodó acredita em sua amizade com o cão.

Por vontade de seu dono, no entanto, Toby é treinado para caçar por Chefe, um, cão, e, tempos depois, volta para a fazenda como uma verdadeiro caçador. Dodó, mesmo vendo as peles que o cachorro ajudou a caçar, acredita que seu amigo é uma exceção. Em um encontro trágico, Toby não caça Dodó por sua antiga amizade, mas Chefe o faz. O cão mais velho caça Dodó em uma linha do trem, mas acaba morrendo. Toby culpa Dodó pelo acidente, pois tinha grande apreço pelo velho cão, pelo fato de Chefe ter sido seu mentor. Por medo de Guerra, a velha senhora abandona sua raposa na vida selvagem. Dodó conhece a raposa fêmea chamada Miriam, pela qual se apaixona, formando com ela uma família.

Guerra e Toby partem para caçar Dodó, ocasionando o confronto inevitável entre o cão e a raposa. Em meio à caçada, surge um mal maior para ambos os lados: um grande urso que está prestes a matar Toby. Dodó intervém e evita a morte de seu antigo amigo. Toby retribui a ação quando Guerra está prestes a derrubar a raposa. A velha amizade foi mais forte, apesar de os personagens pertencerem a realidades diferentes. Inevitavelmente cada um deles seguirá sua vida em caminhos separados.

Em mais uma oportunidade de ouro, a Disney coloca uma mensagem forte em suas animações: não devemos permitir que a sociedade ou os preconceitos orientem nossa maneira de pensar. A ignorância não pode ser fomentada por ideias preconcebidas, pois pode fazer com que nos tornemos pessoas ruins. Os pequenos animais alertaram que a amizade dos protagonistas não seria possível, mas Toby e Dodó mostraram o contrário. Apesar de serem inimigos por conta das caças, mostraram que o confronto entre as raças é feito apenas pelo desejo pútrido do homem. A verdade esteve junto aos animais, que conviveram em harmonia e, mesmo tempos depois, com o dono de Toby forçando o cão a caçar, salvou a vida de seu velho amigo de infância.

Hoje, pessoas de etnias, religiões e nacionalidades diferentes nascem em um sistema preconcebido por seus semelhantes, que forçam você a odiar ou se afastar de determinados grupos que pensam diferente ou nasceram em determinado lugar do globo. É pura intolerância. Toby e Dodó foram retratados pela Disney para servir como exemplo de que há bondade pura e simples, mesmo entre aqueles que são diferentes.

A ação do sistema da realidade de *O cão e a raposa* é exemplificada por essa divisão, algo que vemos na sociedade atual: somos forçados a pertencer a certos grupos e odiar tantos outros sem ao menos entender a situação. Ao estar em um grupo, somos induzidos a defendê-lo com unhas e dentes e achar que os demais são os culpados por todos os males, quando justamente essa divisão é o princípio de todo esse mal. A Mamãe Coruja, que representa a sociedade, avisa Dodó do perigo de sua amizade com Toby, pois ele poderia caçá-lo ao voltar de seu treinamento. A inocência da raposa, a mesma de Toby quando pequenos, impediu que ele tivesse qualquer distanciamento do cachorro, pois acreditava piamente em sua amizade.

Assim como no filme *Mogli*, a representação do valor da amizade sincera também aparece em *O cão e a raposa*. Zelar pelas amizades verdadeiras e sacrificar-se por quem merece são mensagens poderosas, pois somente os amigos de verdade são capazes de nos ajudar nos momentos mais complicados. Assim, a Disney abre espaço para mostrar às audiências mais jovens o valor da amizade verdadeira, que devemos levar e cultivar por toda a vida.

A PEQUENA SEREIA
(1989)

"Eu quero ver, eu quero ser...
ser desse mundo."

Ariel

Em dado momento de *A pequena sereia*, animação de 1989 dirigida por Ron Clements e John Musker, a protagonista Ariel cultiva o antigo desejo de tornar-se humana. Porém, a realização de seu sonho ocorre sob um preço alto: a garota abre mão de sua voz. O que acontece com a Ariel nos deixa cientes de uma das verdades mais conhecidas do mundo: o caminho para a realização de um sonho está permeado de obstáculos que podem destruí-lo, e se nessa busca você não se cercar do amor das pessoas que desejam o seu bem, poderá arruinar a sua vida para sempre.

A pequena sereia apresenta logo no início a Ariel, filha do rei Tritão, e seu fascínio por tudo o que corresponde ao mundo dos humanos. Mesmo sabendo que seu pai repudia seu contato com as coisas humanas, a princesa nutre o encantamento não só colecionando itens de navios naufragados, como também buscando informações acerca da vida na terra com a simpática gaivota Sabidão. Sua curiosidade acaba por levá-la ao navio onde se encontra o príncipe Eric, o qual é salvo por ela de um posterior naufrágio. Com medo de ser descoberta pelo rapaz, Ariel retorna ao mar antes que este conheça sua salvadora, da qual ele recorda apenas a voz.

Quando o pai da protagonista descobre a ligação entre a filha e o humano, destrói o acervo de objetos de humanos que Ariel colecionava, fragilizando-a a ponto de torná-la presa fácil das articulações de Úrsula, uma bruxa que promete tornar a sereia em humana, mas com a condição de que sua voz seja dada como forma de pagamento. O acordo obscuro estipulado por Úrsula é que Ariel ganhe o beijo do verdadeiro amor em até três dias, ou voltará a ser sereia e pertencerá para sempre à bruxa. Assim, Ariel adentra o mundo dos humanos, sendo acolhida pelo próprio príncipe Eric. Como o rapaz não sabe que se trata da encantadora sereia que o salvou, e a protagonista é incapaz de falar, cabe a ela tentar conquistá-lo com gestos a fim de obter a tão sonhada forma humana e unir-se para sempre com seu amor.

Ariel deixa para todos nós uma valorosa lição: nunca devemos desistir de nossos sonhos, por mais impossíveis que pareçam. A jovem sereia foi extremamente corajosa ao desbravar por conta própria um mundo desconhecido, sem permitir que as adversidades quanto à sua paixão pela vida humana falassem mais alto que seu coração. Sua história também é um alerta para o fato de que não podemos permitir que a realização dos sonhos signifique o sacrifício de algo tão fundamental de nossa vida. Há coisas das quais jamais devemos abrir mão porque definem quem somos em nossa essência. Deixá-las partir, portanto, é negligenciar a si mesmo, causando danos irreparáveis à nossa existência. É nesse ponto que se torna crucial entender a importância de contar com pessoas que se preocupam conosco, pois são elas que desejam o nosso melhor, tanto quanto Linguado e Sebastião se importaram com Ariel. Tritão, por mais injusto que tenha sido quanto à paixão da filha, preocupava-se sinceramente com sua proteção e seu bem-estar, a ponto de sacrificar a si próprio pela vida da jovem. São estas as pessoas que você sempre deve escutar, pois não importa quão diferentes sejam seus pensamentos, é o amor pela sua vida que sempre prevalece, e os que te querem bem entenderão mais cedo ou mais tarde o que te faz verdadeiramente feliz.

A pequena sereia nos mostra que não devemos ter medo de encontrar nosso verdadeiro lugar, e que não há problemas em não ser aquilo que nossos pais planejaram para nosso futuro. Devemos fazer o que diz nosso coração, o que nos faz feliz, mas cientes de que os que nos amam, especialmente nossos pais, têm algo relevante a dizer acerca do que é melhor para nós, e que a experiência deles os torna donos de conselhos importantes para toda a vida. Nossos caminhos serão invariavelmente marcados por pessoas boas e também por gente que não se importa em nos ferir e tirar proveito de nossas fragilidades. Basta, portanto, caminhar em direção aos nossos sonhos ao lado daqueles que nos amam, sem perder de vista que tal trajetória terá seus momentos de calmaria e tempestade, como o próprio mar, nutrindo sempre uma paixão igual à de Ariel e a sabedoria que só o tempo pode nos dar.

BRANCA DE NEVE E OS SETE ANÕES

(1937)

"Espelho, espelho meu, existe alguém mais bela do que eu?"

Rainha Má

Para muitas pessoas, beleza é fundamental. E não estamos falando de beleza interior, não. Há quem só dê importância aos atributos físicos, ocupando-se unicamente de aperfeiçoar a própria aparência e julgar a dos demais. Isto acaba se revelando um exercício bastante frustrante, pois ao medir o valor das pessoas apenas por seu exterior, sempre encontram os que exibem uma beleza superior, o que gera sentimentos terrivelmente negativos, como a inveja e o ódio. Enxergar para além do que o corpo exibe é, portanto, não apenas escapar das armadilhas da vaidade, mas também permitir-se encontrar pessoas capazes de nos agregar muito mais que a vazia e efêmera beleza, como nos mostra a encantadora história de *Branca de Neve e os sete anões*.

A obra, lançada em 1937 e dirigida por David Hand, Wilfred Jackson, Larry Morey, Ben Sharpsteen, William Cottrell e Perce Pearce, apresenta como protagonista Branca de Neve, uma jovem princesa apaixonada, cuja beleza é alvo da inveja de sua madrasta, a Rainha Má. Quando esta ouve de seu Espelho Mágico que perdeu a posição de mulher mais bonita do reino para a enteada, resolve matá-la para... você sabe, eliminar a concorrência. Assim, a madrasta ordena que seu caçador leve Branca de Neve para a floresta e acabe com sua vida – ordem esta que é descumprida pelo piedoso homem, que permite à jovem fugir para longe da rainha.

Perdida e assustada, a protagonista encontra uma simpática cabana em meio à floresta, na qual se aloja para, mais tarde, descobrir que é habitada por sete anões: Mestre, Dunga, Zangado, Feliz, Dengoso, Atchim e Soneca. Os pequenos acolhem a desafortunada menina, que retribui a bondade tornando a casa limpa e aconchegante para seus moradores. Os dias de paz, no entanto, não duram muito tempo: a madrasta descobre que Branca de Neve ainda está viva e resolve se disfarçar de uma idosa vendedora para rever a princesa e entregar em suas mãos uma bela e envenenada maçã. A bondosa jovem, sem desconfiar das intenções da mulher, morde a fruta e cai em uma espécie de sono profundo, enfeitiçada de tal forma que somente o beijo do amor verdadeiro poderia fazê-la retornar à vida. Colocada em um esquife de vidro pelos tristes anões, Branca de Neve é finalmente encontrada pelo príncipe, que acaba com o maligno feitiço ao beijá-la, levando-a para seu reino, ao encontro do tão esperado "felizes para sempre".

Muitas das questões em *Branca de Neve e os sete anões* giram em torno da aparência física, como ocorre em nosso cotidiano. Afinal, quantas vezes já não fomos julgados pela nossa própria aparência? E quantas vezes já não julgamos os outros por estarem fora dos padrões de beleza? Consideramos horríveis as atitudes da Rainha Má e sua maneira torta de enxergar o mundo com as lentes da vaidade, mas várias vezes já nos surpreendemos olhando para o espelho e nos considerando superiores a determinada pessoa apenas por exibir uma característica física que julgamos mais bonita, ou mesmo invejando outra por exibir a beleza que achamos necessário ostentar em si. Este é, sem dúvidas, o mais importante espelho que o filme nos apresenta: não o Espelho Mágico, mas aquele que se coloca diante de nós para mostrar como nos refletimos de maneira incômoda na Rainha Má.

O filme também nos mostra que o verdadeiro valor das pessoas se encontra no seu interior. Tendemos a associar a bondade às pessoas belas e a maldade às ditas "feias", mas foram os anões, seres que a sociedade coloca às margens dos padrões de beleza, que mostraram sincera generosidade com Branca de Neve, aceitando-a como se fosse um deles. A mesma Branca de Neve é quem trata com bondade a Rainha Má disfarçada de idosa, ignorando a decadência de seu estado físico ao lhe falar com gentileza e doçura. É justamente por tal beleza interior que o Espelho Mágico considera a protagonista a mais bela do reino – uma ideia inconcebível para uma alma de imensa feiura, incapaz de enxergar que somente a bondade e o amor são verdadeiramente capazes de encher os olhos.

CINDERELA
(1950)

"Que importa o mal que te atormenta, se o sonho te contenta e pode se realizar."

Cinderela

esiliência é a palavra-chave que nos permite entender a grande lição que reside em *Cinderela*, filme de 1950 dirigido por Clyde Geronimi, Hamilton Luske e Wilfred Jackson. O termo compreende a capacidade de lidar com situações difíceis e grandes obstáculos sem afetar nosso interior, o que nos permite reagir de maneira positiva diante de problemas. E se há uma princesa no universo Disney que traduz com perfeição esse modo de encarar a vida é a Cinderela, uma mulher cuja grandeza interior nos ensina uma valorosa lição sobre o retorno que o universo nos dá quando disseminamos bondade e confiança.

O filme traz como protagonista ninguém menos que Cinderela, a filha de um fidalgo viúvo que se casa com madame Tremaine. Quando seu pai morre, a garota é obrigada a tornar-se serviçal da casa, recebendo ordens da madrasta e das meias-irmãs Drizella e Anastásia. Em meio a uma vida difícil, Cinderela encontra conforto na amizade com os animais, que a ajudam nas tarefas pessoais enquanto recebem em troca sua atenção e carinho.

Certo dia, o reino onde reside a família convoca as jovens solteiras para participarem de um baile de honra ao príncipe, que deseja escolher entre elas sua futura esposa. Cinderela anima-se com a possibilidade de fazer parte do baile e divertir-se por uma noite, porém sua madrasta logo trata de atarefá-la a ponto de impedir que ela tenha tempo de costurar um vestido. Ao descobrirem a injustiça contra Cinderela, seus amigos animais resolvem preparar sozinhos um vestido para a garota, que termina sendo rasgado pelas invejosas irmãs. Cinderela, então, na noite do baile, recebe a visita de sua Fada Madrinha, que a presenteia com um novo vestido, sapatos de cristal e uma carruagem real. Há somente um porém: os presentes da Fada são mágicos e duram apenas até a meia-noite, de modo que a moça deve voltar para casa antes que o feitiço faça tudo voltar à forma de antes. Assim, Cinderela chega deslumbrante ao baile, chamando a atenção do Príncipe Encantado. Sem saber que se trata da alteza, Cinderela dança com o desconhecido, abandonando-o sem dizer seu nome quando o relógio aponta para a meia-noite. Na fuga, a jovem deixa um dos sapatinhos de cristal para trás – o qual é levado por todo o reino pelos subalternos do príncipe em busca de sua misteriosa dona. A despeito das tentativas da madrasta de impedir que a enteada seja identificada como a dona do sapato, Cinderela é finalmente descoberta, sendo levada ao encontro do príncipe para seu merecido final feliz.

Cinderela, à primeira vista, parece uma personagem conformada com sua realidade, mas um olhar atento evidencia uma força de espírito de uma garota que encara sua dura vida com a dignidade e a confiança de quem sabe ser capaz de mudar a própria sorte. A protagonista não se põe no nível das irmãs e da madrasta, tampouco se deixa tomar pelo sentimento de vingança ou autopiedade. Ela não só exibe uma sabedoria para além da sua idade ao valorizar o que possui, a exemplo dos amigos animais, como se mostra dona de si ao cuidar de seus interesses de forma honesta; ora, Cinderela almeja o baile não porque quer se casar com o príncipe, mas, sim, porque deseja se divertir e viver um momento especial. Assim, por mais deslumbrante que seja o vestido e o par de sapatinhos de cristal dados pela Fada Madrinha, não são eles que tornam a personagem magnética. Cinderela cativa porque seu espírito transborda gentileza e confiança, das quais lança mão para lidar com os infortúnios da vida, e a resiliência certamente a permite desfrutar de maneira profunda quando o destino finalmente retorna a ela as coisas boas que ela dispensou ao mundo.

A lição fundamental de Cinderela, portanto, é fazer-nos refletir acerca de nossa postura em relação à vida, tomando a protagonista como um exemplo expressivo da importância de acreditarmos em nós mesmos e não nos deixarmos abater pelos problemas, dando a si próprios e ao mundo a confiança e a gentileza que fazem da jovem princesa mais brilhante do que qualquer cristal jamais poderá ser.

DUMBO
(1941)

"Aquelas coisas que levaram você para baixo ainda levarão você para cima."

Timóteo

oda pessoa possui algo que a torna diferente das demais, o que nem sempre resulta em algo bom. Não porque tais traços sejam depreciativos, mas porque vivemos em um mundo que constantemente falha em abraçar as diferenças. Não é raro encontramos gente que acredita que todos nós cabemos na mesma caixinha, quando na verdade não deveríamos sequer pensar em nos limitar à ideia do que podemos ser ou não. Tais pessoas existem para nos lembrar de que o mundo pode ser um tanto duro conosco, mas se nos fizermos acreditar e valorizarmos o que possuímos de distinto, tiraremos disso o melhor proveito, como nos ensina este fabuloso *Dumbo*, filme de 1941, com direção de Ben Sharpsteen, Wilfred Jackson, Norman Ferguson, Samuel Armstrong, Jack Kinney, Bill Roberts e John Elliotte.

A narrativa do filme nos apresenta ao pequeno Dumbo, um recém-nascido de uma elefanta de circo que contém uma peculiaridade em relação aos demais bebês de sua espécie: um par de orelhas enormes, as quais se tornam motivo de zombaria entre os outros animais – até mesmo os próprios elefantes. O trato maldoso direcionado ao pequeno Dumbo faz com que sua mãe, em uma tentativa de defender o pobre filhote, acabe sendo presa sob a justificativa humana de ter se tornado louca. Triste e sentindo-se sozinho, o protagonista encontra a amizade fiel de Timóteo, um simpático ratinho que se propõe a fazer do elefante uma estrela do circo. Timóteo arranja para Dumbo um número no espetáculo em que o amigo deve pular de uma pirâmide de elefantes – ato este que, ao sair completamente errado, faz com que Dumbo acabe tornando-se o palhaço da trupe.

Ao ver o amigo desolado, Timóteo tenta animá-lo com um novo plano, e ambos acabam tomando por acidente bebida alcoólica. Quando acordam, o rato e o elefante surpreendem-se ao descobrirem que se encontravam no topo de uma enorme árvore. Timóteo supõe que Dumbo os levara a tal altura voando, e, com a ajuda dos amigos corvos, consegue convencer o animal de sua capacidade de voar com o auxílio de uma pena "mágica". Assim, Dumbo volta ao circo para o número dos palhaços e tenta um novo voo, descobrindo ser capaz de tal feito extraordinário sem a ajuda de qualquer pena. Ao final, Dumbo torna-se a estrela do picadeiro e consegue, enfim, trazer a sua mãe de volta ao seu lado para que vivam o tão almejado futuro feliz.

Dumbo nos convida a olhar para o que podemos oferecer de fantástico ao mundo. Todos nós somos capazes de algo único, especial, e jamais podemos permitir que o julgamento dos outros fale mais alto do que nossa própria voz interior. Muitas vezes, ao longo da vida escutaremos que não deveríamos ser, fazer ou buscar determinada coisa, e se deixarmos que tais pessoas conduzam os nossos caminhos, jamais sairemos do lugar. Por tal razão, é extremamente importante crer em si próprio, como fez Dumbo. O elefante sempre teve a capacidade de voar, apenas não acreditava que era capaz de tal realização extraordinária. A confiança permite que nos tornemos donos de nosso próprio destino, e quando exploramos as coisas incríveis que podemos fazer, nada no mundo se torna impossível para os nossos sonhos.

A obra também nos deixa outra importante lição: as amizades mais genuínas podem surgir entre os seres mais improváveis, o que atesta quão estúpido é nutrir preconceitos. O elefante Dumbo e o ratinho Timóteo se tornam grandes companheiros mesmo sendo tão diferentes, mostrando que o que importa no final das contas é o que podemos agregar de bom uns aos outros. A única coisa que vale nutrir, de fato, é a desconfiança em relação aos amigos que criticam os seus sonhos e podam aquilo que o faz feliz. Amigo é quem o ama e apoia incondicionalmente, e com quem você se sente confortável sendo justamente si próprio.

O que fica ao final de *Dumbo* é a confiança de que devemos sempre acreditar em nós mesmos e sermos fiéis à nossa essência. Não importa quanto o mundo diga que você não é capaz, ouça as palavras que ecoam dentro de si, pois você é o único que realmente sabe das suas capacidades e do que pode te fazer realmente feliz.

LILO & STITCH
(2002)

"Ohana quer dizer família.
Família quer dizer nunca mais abandonar
ou esquecer."

Stitch

O que você considera família? Os seus pais? Os seus irmãos, avós, tios e primos? Ou talvez seus amigos, incluindo aqueles de quatro patas? Cabe um mundo dentro da noção de família, mas o que une todas essas definições é um mesmo pensamento: o lugar onde você pode ser quem é, feito de gente que te inspira a ser uma pessoa melhor dia após dia. Pertencer a uma família e dela extrair a razão do seu próprio papel no mundo é a essência de *Lilo & Stitch*, de 2002 e dirigido por Chris Sanders e Dean DeBlois, um filme que nos aquece a alma ao expressar a força dos laços de sangue e de coração.

A obra narra a história do alienígena Stitch e das irmãs havaianas Lilo e Nani Pelekai. Tudo começa quando Stitch, um experimento criado pelo cientista extraterrestre Jumba para agir como uma máquina de destruição em massa, é condenado à morte pelo perigo que representa aos seres vivos. Denominada Protótipo 626, a criatura forjada para a maldade consegue escapar de seu destino, aterrissando ao acaso na Terra – especificamente, no paradisíaco estado do Havaí, nos Estados Unidos. Disfarçado, embora não com muito sucesso, como cachorro, o Protótipo 626 tenta não chamar a atenção das autoridades locais e da polícia alienígena à sua caça, mas acaba sendo levado a um canil, onde conhece a pequena e arisca Lilo. A garotinha logo se identifica com a estranha criatura, pois ambas são julgadas selvagens sem que tenham a chance de mostrar o que realmente são. Assim, Lilo adota o Protótipo 626 e o nomeia Stitch, levando-o para casa a contragosto de sua irmã e tutora Nani. Stitch vê nessa situação a oportunidade perfeita de usar a menina como escudo humano para proteger-se das investidas mortais de seus perseguidores espaciais, abraçando sua nova família com intenções nada amigáveis. É nesse cenário que vemos o desenvolvimento da relação entre o pequeno alienígena e as irmãs órfãs em uma jornada que transforma a todos que a integram.

"As pessoas me tratam diferente", diz Lilo à sua irmã com um ar entristecido. Quantos de nós já não nos sentimos igualmente deslocados, com a sensação de que o mundo nos julga pelo nosso jeito de pensar e agir? Ser diferente nos ensina, às vezes de forma muito dura, que o mundo tem grandes dificuldades em aceitar o que está fora do padrão esperado, e isto vale para tudo, desde as roupas que usamos até quem escolhemos amar. Por isso, quando encontramos alguém com quem nos identificamos, essa dor de ser diferente diminui – enxergamos no outro os nossos próprios traços, e este reflexo nos aproxima. É este o sentimento que torna Lilo tão afeiçoada ao pequeno Stitch e a permite acolhê-lo como parte de sua família de maneira tão natural.

Mas por que demora tanto para o arredio Stitch aceitar o amor de Lilo? Ora, basta lembrar as origens da criatura: Stitch foi criado para ser uma arma de destruição em massa, portanto esta é a única realidade que ele conhece. Stitch nunca teve a oportunidade de pertencer a um lar, ser educado e aprender valores tão valiosos para nós como amar e ser generoso; ele é, acima de tudo, um ser sem lembranças, e são justamente elas que compõem parte fundamental de quem somos. Lilo, por sua vez, conhece a importância de fazer parte de uma família e a expressa ao evocar o termo *Ohana* – palavra da língua havaiana que engloba o sentido de família como uma união além dos laços de sangue, a qual não abandona ou esquece seus integrantes – o que a permite nunca desistir de Stitch. Com o amor incondicional da garotinha – que o aceita mesmo sendo um "patinho feio" – e o relutante – mas posteriormente sincero – zelo da irmã mais velha, o alienígena aceita sua nova realidade, descobrindo-se parte de algo maior, algo que não tenta mudar sua natureza, mas traz à tona aquilo que ele tem de bom.

Stitch pode ser Stitch junto à Lilo, e ambos se inspiram a serem melhores juntos.

Lilo & Stitch é uma obra comovente, mostrando que todos podemos ser o que quisermos, e que essa mudança é favorecida quando contamos com gente que se importa conosco e deseja o nosso melhor. Há entre nós pessoas que foram agraciadas com os pais ou avós mais amorosos, e há também quem encontre esse amor somente nos amigos que faz ao longo da vida. Você diria que somente os primeiros constituem famílias? De jeito algum! Família é quem trilha o mundo junto com você. É quem te aceita por sua natureza falha, sabendo que o que há de bom é superior aos seus defeitos. É quem, sobretudo, não está ao seu lado somente nos momentos mais importantes de sua vida, mas também nos mais triviais. Afinal, Stitch só começa a entender o significado de *Ohana* em uma simples tarde de verão surfando com Lilo, não é?

Nossa família, seja a de sangue ou a construída pela amizade, nos lembra quem somos e também quem desejamos ser. E nos ensina, sobretudo, que tornamos o mundo melhor quando expandimos nosso senso de família para todas as pessoas que o habitam. Esse é o sentido que, assim como *Ohana*, jamais devemos abandonar ou esquecer.

MOANA
(2016)

"Às vezes, nossa força está
além da superfície."

Moana

O que te define melhor: um diploma na parede, talvez o título de professor antes de seu nome, ou as longas horas de estudo e cansaço que viveu antes que pudesse alcançar o seu objetivo? Se sua resposta está nas horas, você sabe que o caminho traçado até a linha de chegada diz muito mais sobre quem você é do que as palavras jamais serão capazes, e que a determinação para percorrer essa jornada é um impulso maior que nós mesmos. Sob tal consciência reside o sentido de *Moana*, de Ron Clements e John Musker, um filme sobre como nossa trajetória é o que, de fato, revela quem somos, e como a força de vontade nos leva aonde quer que desejarmos.

A história apresenta como protagonista Moana, a filha do chefe de uma tribo da ilha polinésia de Motu Nui. Fascinada pelas narrativas do passado de seu povo, Moana ouve, ainda criança, sobre a antiga história de Maui, o semideus que roubou o coração de Te Fiti, a deusa criadora da vida, e condenou a Terra à destruição. A garota cresce sob os ensinamentos do pai, que a prepara para cuidar da ilha da qual será a futura líder, porém, com o interesse cada vez maior de Moana pelo mar, o pai superprotetor começa a se preocupar com o futuro da filha e de sua tribo. Quando a jovem descobre que os alimentos da ilha estão começando a estragar e que os peixes estão se tornando escassos, Moana sugere navegar para além do recife a fim de melhorar a pesca, mas, obviamente, seu pai se recusa com firmeza. Com a vontade de explorar o oceano aliada à necessidade de ajudar seu povo, a garota desobedece às ordens do pai e parte em uma pequena canoa a vela, que não resiste à fúria do mar. Ao retornar à ilha, descobre por intermédio da avó que seus antepassados eram grandes viajantes marítimos, e que seu desejo de estar no oceano é um chamado das águas para que retorne ao coração de Te Fiti e salve sua aldeia da destruição. Assim, Moana recebe da avó a pedra que representa o coração da deusa, sendo incumbida de encontrar em seu caminho o semideus Maui para que ele a ajude em sua grande missão.

A jornada de Moana pelo Oceano Pacífico é confrontada pelas mais variadas adversidades, desde o ataque dos piratas-coco até o temperamento difícil de Maui. Porém, o que se mostra de fato um obstáculo para a protagonista é a dúvida se é a pessoa certa para tal encargo, o que a leva a hesitar, mas também a descobrir muito sobre si mesma. E não é exatamente dessa forma que nos sentimos com nossos objetivos de vida? Sejamos sinceros: o mundo não é um lugar fácil, e muitas vezes nos sentimos em meio a um oceano repleto de barreiras que colocam à prova o que queremos para nossa vida. Mas não é justamente em nossa jornada que aprendemos sobre nosso potencial e até onde podemos chegar? É a trajetória que define quem somos, o que podemos e o que não podemos, como tantas vezes Moana prova ao longo do filme ao realizar feitos por conta própria e também mostrar que há coisas que só podem ser alcançadas por meio da união, que, como você já deve saber pelo ditado, nos torna mais fortes. Todas as jornadas de nossa vida são, portanto, jornadas de autoconhecimento, nas quais só alcançamos o ponto de chegada quando sabemos lidar com nossos acertos e falhas – o que nos leva à força de vontade de Moana.

Pequena diante da imensidão do oceano, a jovem polinésia mostra uma coragem que adquire o tamanho do mundo. Moana enfrenta perigos inimagináveis ao longo de sua trajetória rumo a Te Fiti e, a despeito dos momentos de dúvida e até mesmo descrença na capacidade de alcançar seu objetivo, persiste com garra até o fim. Isso aproxima Moana de todos nós, pois não se trata de alguém com poderes extraordinários e autoconfiança inabalável, mas de uma garota que, como qualquer pessoa, é falha, porém capaz de sustentar uma poderosa determinação – uma força que está em cada um de nós.

Dessa forma, *Moana* nos mostra que sair em busca de nossos objetivos com força de vontade não significa tornar-se inabalável. As dúvidas e os temores sempre nos acompanharão para nos lembrar de nossa natureza humana. Logo, persistir é reconhecer que há sempre algo maior que nós, e mesmo com tal humildade não se deixar abater. É dar ouvidos à sua voz interior, pois o que pulsa dentro do seu coração é a mesma força que te impulsiona para a frente. É, acima de tudo, ser capaz de mudar a realidade sem perder a essência, como faz Moana ao encontrar seu lugar no mundo evocando os ensinamentos da avó, pois são esses valores que vêm de nossas raízes que, assim como nossos atos, definem quem somos.

Moana ainda nos deixa uma lição final quando a protagonista devolve à deusa seu coração e salva a aldeia de Motu Nui. O altruísmo que motiva sua missão é recompensado com a vida para sua terra, mostrando que tudo o que fazemos retorna para nós na mesma proporção, quer sejam coisas ruins, como a maldade de Maui que resultou em desolação, quer sejam coisas boas, como o grande gesto de amor de Moana. Nessa jornada pela salvação de seu povo, a jovem atribui a si a graça de conhecer o próprio interior, mostrando em sua trajetória que nossa vontade é poderosa a ponto de transformar o mundo. E é esta força que nos torna nossos próprios heróis.

O REI LEÃO
(1994)

"O passado pode doer, mas do jeito que eu vejo, você pode fugir dele ou aprender com ele."

Rafiki

Quando somos crianças, temos duas certezas na vida: a de que nossos pais estarão sempre ao nosso lado para nos guiar e que a responsabilidade é apenas uma daquelas palavras chatas que pertencem ao universo dos adultos. Porém, quando menos esperamos, a vida nos tira tais certezas para mostrar que cabe somente a nós assumir as rédeas de nosso destino, e que, em nosso caminho, os erros do passado e desafios do presente podem ser enfrentados para que se tire uma lição deles, ou deixados de lado para que se aproveite somente as coisas boas que o mundo pode oferecer. É sobre essas escolhas que trata *O rei leão*, uma das maiores histórias sobre amadurecimento já contadas e o filme favorito da minha vida.

A obra traz como protagonista Simba, filho do rei Mufasa e da rainha Sarabi. Herdeiro de um reino em uma savana africana, Simba aprende desde pequeno com o pai sobre suas futuras responsabilidades como governante, dentre elas a necessidade de respeitar o chamado ciclo da vida – a noção de que os fatos da vida, como o nascimento e a morte, são naturais e necessários para o equilíbrio entre todas as criaturas. Afinal, até mesmo uma vida perdida possibilita a existência de outra, como explica Mufasa ao dizer que os leões mortos se tornam a grama que os antílopes comem para sobreviver.

A sabedoria do rei Mufasa, no entanto, é contrastada pelo ardil irmão, Scar, que vê no sobrinho Simba um obstáculo para seu desejo de ocupar o posto de rei. Em um plano para conquistar o reino, Scar provoca a morte de Mufasa ao incitar uma debandada de gnus, culpando Simba pelo terrível acidente. O garoto assume injustamente a responsabilidade pelo ato e foge envergonhado do reino, encontrando no exílio a companhia do suricato Timão e do javali Pumba. Ignorantes quanto ao passado do pequeno leão, ambos o ensinam a viver uma vida sem preocupações, dando as costas para todos os seus problemas e regras. Assim vive Simba até tornar-se adulto, quando finalmente decide lidar com seu trauma do passado e retornar ao reino para tomá-lo de Scar e assumir seu lugar como rei legítimo.

O rei leão é, sobretudo, um filme que dialoga com as profundas inseguranças que habitam nosso interior. Quantas vezes não deixamos de encarar os problemas porque pensamos que neles vamos encontrar apenas o medo e a solidão, nos esquecendo que sua superação nos torna mais fortes e experientes em relação à vida? É por isso que nos enxergarmos em Simba e na sua recusa de encarar o passado, o que torna a cena em que Rafiki ensina uma lição ao jovem leão uma das mais valorosas da obra.

Quando Simba diz ao mandril que tem dúvidas se deve enfrentar o seu passado, já que fugiu dele por tanto tempo, o ancião acerta o leão na cabeça com seu cajado. Simba pergunta o motivo do golpe, e Rafiki dá de ombros, dizendo que seu ato não importa porque *já é passado*. O leão, inconformado, reclama que ainda sente a dor do ataque, ao que o mandril responde: "Sim, o passado dói, mas você pode fugir dele ou aprender com ele". Assim, quando Rafiki tenta acertá-lo com o mesmo movimento, Simba desvia do golpe, colocando em prática os ensinamentos do sábio.

É difícil enfrentar os problemas? Sem dúvidas. Nos sentimos muitas vezes tentados a encarar a vida do jeito de Timão e Pumba. Quem não gostaria de viver sem regras e preocupações? Porém, quanto mais velhos ficamos, mais temos consciência do quanto isso é impossível. Naturalmente, isso não quer dizer que você deve focar-se nos seus problemas e esquecer de viver – longe disso! A vida está aí para também ser desfrutada, e faz bem para nossa própria sanidade vez ou outra lembrar-se do lema da dupla de amigos e dizer "*Hakuna Matata*!". Mas, como em tudo na vida, é preciso encontrar um equilíbrio entre os extremos e, acima de tudo, nos perguntar: a vida que estamos vivendo é aquela que nossos pais desejaram para nós? Como *O rei leão* tão bem nos mostra por meio das palavras do fantasma de Mufasa ao seu filho, quando esquecemos dos nossos pais e de suas palavras, esquecemos também quem somos. E saber quem somos é fundamental para que possamos seguir com nossas responsabilidades diante da vida.

A trajetória de Simba é uma história de superação e de aprendizado com os erros. Não podemos fugir das nossas responsabilidades e tampouco mudar o passado, mas podemos aprender com ele e, assim, modificar nosso futuro. Dessa forma, assumimos nosso lugar no mundo, como faz Simba ao tornar-se rei. Ainda que *O rei leão* nos lembre de maneira dolorosa que nossos pais, um dia, não estarão mais aqui e que a vida nem sempre será justa, ele também nos abraça ao mostrar que nunca estaremos sozinhos se não esquecermos quem somos e quem nos deu origem, e que não devemos ter medo de encarar nossa realidade e dela obter uma lição para amadurecer – isto é, afinal de contas, parte natural do ciclo da vida. "Isso é viver, é aprender."

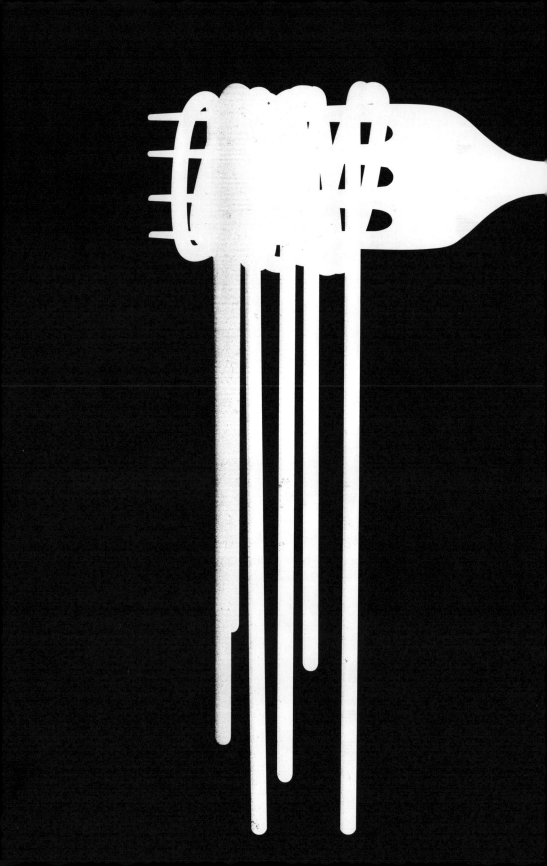

A DAMA E O VAGABUNDO

(1955)

"O raiar é das estrelas que faz tudo emudecer, e o romance de amor que da noite vai nascer."

Canção do filme

omo seria bom se fôssemos crianças para sempre. Poderíamos brincar o dia todo, teríamos nossos pais ao lado eternamente e não precisaríamos nos preocupar com o mundo ao nosso redor. A verdade, porém, é que o curso natural da vida nos leva ao crescimento e às consequentes mudanças que estão para além de nossa vontade, trazendo responsabilidades e visões de mundo inimagináveis, uma vez que tudo até então não passava de brinquedos e lições de casa. Há quem se negue a aceitar tais mudanças, fechando a mente e impedindo o próprio amadurecimento. Mas a maioria de nós reconhece a importância de evoluir, ainda que isso implique em perdas e sofrimento, pois somente quando aprendemos com nossos erros e encaramos os obstáculos é que nos tornarmos mais experientes e alcançamos a verdadeira sabedoria, como nos mostra a fascinante história de *A dama e o vagabundo*, filme dirigido por Clyde Geronimi, Wilfred Jackson e Hamilton Luske.

O filme nos apresenta a história de Lady, uma cadela da raça cocker spaniel que vive com uma família aristocrata em uma pequena cidade americana dos anos 1910. Lady leva uma vida de mimos, até a gravidez de sua dona, conhecida como "Querida", quando deixa de ser o centro das atenções. É nesse período que conhece o carismático Vagabundo, um vira-lata que aprendeu a sobreviver graças à sua esperteza e à ajuda de amigos. Quando conhece o mais novo integrante da família, Lady se afeiçoa ao bebê, protegendo-a como um irmão mais novo. Porém, devido a uma confusão na casa, gerada por dois gatos que atribuem a culpa à cadela, Lady é levada para colocar uma focinheira – momento em que foge e fica perdida na cidade, contando com a ajuda de Vagabundo para salvá-la do perigo das ruas e auxiliá-la a retornar à sua casa. Sentindo-se atraído pela cadela, o cachorro de vida errante tenta convencê-la a fugir com ele, mas tem seu desejo recusado quando Lady reafirma a vontade de voltar ao lar das pessoas que a amam.

Em meio a tal objetivo, a protagonista é achada nas ruas e levada ao canil, onde descobre, por meio de outros animais, a fama de mulherengo do Vagabundo. Devido à sua coleira de identificação, a cadela é finalmente levada para casa, onde passa a ignorar as investidas do "Don Juan" que aparece para visitá-la. No entanto, quando um rato ameaçador surge em sua casa e segue para o quarto do bebê, a protagonista teme pela vida da criança e pede ao cachorro para salvá-la. Assim, Vagabundo luta contra o rato e "salva" a todos, momento em que é surpreendido pela carrocinha, chamada pela tia Sarah, que acreditou ser o vira-lata o responsável pela confusão. Cientes do engano que poderia dar fim à vida do cachorro, Joca e Caco, os cães amigos de Lady, correm atrás da carrocinha na tentativa de resgatá-lo, enquanto os donos da cadela encontram o rato e desvendam o que, de fato, aconteceu na casa. A família reconhece o feito de Vagabundo e o adota, dando-lhe o merecido final feliz ao lado da Lady e de seus filhotes.

A dama e o vagabundo é um filme que nos prepara para a vida e lembra que as transformações em nossa jornada são inevitáveis. Assim como Lady, por vezes nos vemos passar de filhos únicos e mimados a irmãos mais velhos e protetores, ou de jovens protegidos no conforto do lar a aventureiros em um mundo que nem sempre se mostra justo. Essas mudanças que não pedem licença servem a um grande propósito: nos trazer novas perspectivas em relação à vida, tornando-nos mais experientes e fortes. Podemos, assim, abraçar tais desafios e encarar o destino, como fazem os protagonistas, ou ficar para trás nas grandes engrenagens da evolução. Escolher a primeira opção implicou ao vira-lata gratas recompensas, como ser acolhido por uma família quando tudo o conduzia a um triste fim, ou mudar visões preconcebidas sobre os outros e criar novas amizades, como ocorre com os cães Joca e Caco. Escolher a segunda opção, por sua vez, é ficar preso à pequenez da recusa em mudar a si próprio, tal qual acontece à preconceituosa tia Sarah.

A vida, portanto, é para quem se abre a ela, passando por altos e baixos e absorvendo o aprendizado necessário para se tornar alguém melhor. Não tenha medo de ser diferente de ontem e de amanhã: é das mudanças que somos feitos, sejamos cachorros ou humanos.

A PRINCESA E O SAPO

(2009)

"Lutas e problemas tive já, mas agora não vou desistir, porque eu estou quase lá."

Tiana

Não seria incrível se existissem fadas madrinhas e gênios da lâmpada que realizassem os nossos sonhos num piscar de olhos? É, eu sei. Não tem jeito; se a gente quer realizar um grande sonho, a única forma de conseguir é trabalhando duro. O lado positivo disso é que aprendemos muito sobre nós mesmos nessa jornada feita de horas maldormidas e pequenas conquistas que nos motivam a seguir em frente. O lado negativo, porém, é que a mesma jornada é capaz de nos cegar para as coisas simples e fundamentais da vida. É sobre ambos os lados da perseguição de um sonho que se trata *A princesa e o sapo*, uma obra que nos toca pela força com que aborda temas como a determinação e o amor incondicional.

A protagonista da obra, dirigida pela dupla Ron Clements e John Musker, é Tiana, uma jovem de origem humilde que vive na cidade de New Orleans, nos Estados Unidos. O sonho de Tiana é abrir o seu próprio restaurante, e, para tal, trabalha arduamente em busca de seu objetivo. Certo dia, o príncipe Naveen, de Maldonia, resolve visitar a cidade, instigando Charlotte, uma rica e sutilmente mimada amiga de Tiana, a organizar uma festa em sua honra. Assim, Tiana é convidada para fazer a comida da festa – trabalho que lhe renderá uma boa quantia em dinheiro.

O que nenhuma delas sabe, porém, é que Naveen foi deserdado pelos pais, logo sua intenção em New Orleans é encontrar uma mulher para sustentá-lo. Ciente do desejo do príncipe, o bruxo Dr. Facilier propõe um acordo no qual ele pode viver sua vida boêmia sem trabalhar, mas acaba sendo vítima de um feitiço para se tornar um sapo – feitiço esse que só pode ser quebrado se ele for beijado por uma verdadeira princesa. Quando Tiana cruza seu caminho e é confundida com uma princesa, o sapo pede sua ajuda para que a magia seja desfeita, mas acaba transformando a própria protagonista em rã. Logo, ambos iniciam uma jornada em busca de Mama Odie, a fada madrinha que pode ajudá--los a acabar com o encantamento.

Auxiliados pelo crocodilo músico Louis e o romântico vaga-lume Ray, o casal encontra Mama Odie, que reafirma ser o beijo de uma princesa a única forma de desfazer o feitiço. Quando Tiana e Naveen retornam a New Orleans para que Charlotte, na ocasião rainha de um festival conhecido como Mardi Gras, tente acabar com o encantamento, o príncipe é capturado pelo vilão Facilier. Nesse meio-tempo, o criado de Naveen finge ser o príncipe para se casar com Charlotte usando um amuleto dado por Facilier, de modo que Ray, ao chegar até o local onde o casal está, rouba o objeto mágico que disfarça o criado e o entrega para Tiana. Assim, a heroína parte para salvar Naveen e é abordada pelo vilão, que oferece a realização de seu sonho de ter um restaurante em troca do amuleto. Ciente das mentiras do homem, Tiana destrói o objeto e desencadeia o fim de Facilier. Tiana e Naveen correm para alcançar Charlotte para lhe pedir um beijo, mas o tempo estipulado ao príncipe acaba e ambos percebem que, no fim das contas, podem ser felizes como sapos. Mama Odie oficializa a união do casal e, uma vez que Tiana torna-se princesa, ambos se beijam e retornam à forma humana. Ao término do filme, o casal encontra seu final feliz com a abertura do tão sonhado restaurante da protagonista.

Das lições fascinantes trazidas por *A princesa e o sapo*, a que mais fala diretamente conosco é a força de vontade de Tiana em perseguir seu sonho. A heroína nunca esperou que nada caísse do céu; sua luta árdua e determinação levaram-na à realização de seu maior desejo. O caminho percorrido não foi fácil, sequer esperado, mas a jovem soube enfrentar os obstáculos com coragem e descobriu muito sobre suas potencialidades com a ajuda dos amigos. É, afinal de contas, muito mais durante a jornada que conhecemos sobre nós mesmos do que no destino final. Porém, o que o filme também nos deixa claro é que, na perseguição de um sonho, muitas vezes nos esquecemos das coisas preciosas que já possuímos, como o amor de nossos familiares e amigos. Somente quando perdeu seu status é que Naveen se deu conta de que o dinheiro não lhe trazia a verdadeira felicidade, enquanto Tiana só percebeu as coisas simples da vida que negligenciava na busca por seu sonho quando se viu impossibilitada de trabalhar.

Lute, persevere e não desista de tornar seus sonhos realidade. Porém, não sacrifique a tudo e a todos em prol de um único objetivo, afinal, aquilo que mais nos completa pode já estar dentro de nossa própria casa... ou de nosso coração.

OPERAÇÃO BIG HERO
(2014)

"Fui projetado para ser abraçável."
Baymax

Operação *Big Hero* é a maneira que a Disney encontrou para unir seu *know-how* com outras formas de animação, como os animes orientais. Além de conseguir um ótimo resultado, o filme traz excelentes mensagens ao longo da história, tornando-se uma obra importante não apenas do ponto de vista técnico como também do narrativo.

Operação Big Hero, assim como *Tarzan*, aborda temas delicados com os mais jovens de uma maneira muito eficaz. São pontos do crescimento que precisam ser abordados com os mais novos desde cedo, para que não se tornem tabus ou grandes obstáculos para as crianças. No caso do filme em questão, dirigido por Don Hall e Chris Williams, além de mostrar que todos temos uma força interior que precisa ser incentivada, o longa trata de amadurecimento e perda, momentos críticos de nossa vivência.

O filme se passa no futuro, na cidade fictícia de São Fransókio, uma mistura entre San Francisco e Tóquio. Nela, vivem os irmãos Tadashi e Hiro Harada, órfãos criados pela tia. A dupla de nerds é aficionada por robótica, principalmente o mais velho, Tadashi, que frequenta a melhor universidade da cidade. Hiro, de apenas 13 anos, prefere participar de combates entre robôs, algo ilegal.

A genialidade de Tadashi se materializa em Baymax, uma espécie de robô enfermeiro, capaz de identificar problemas de saúde nas pessoas. O robô passa toda a história se preocupando com a condição dos demais, especialmente de Hiro e sobretudo após a morte de Tadashi em uma explosão.

Graças aos seus amigos – Honey Lemon, GoGo Tomago, Wasabi e Fred –, Hiro deve enfrentar o vilão da história, que usa uma máscara Kabuki, além de descobrir o que aconteceu na fatídica noite em que perdeu Tadashi.

A riqueza de *Operação Big Hero* mora em sua essência e suas mensagens. Para começar, trata de temas sérios e importantes: amadurecimento e perda. Hiro, apesar de jovem, perde seu tempo e talento com atividade ilegais. Tadashi surge na vida do irmão como um exemplo de como canalizar seu talento. Hiro também possui um grande potencial, que é incentivado por seu irmão, que tenta lhe mostrar a importância de cursar uma faculdade e alertá-los de que ele está desperdiçando seu tempo. O filme mostra a importância dos bons exemplos para o amadurecimento, como forma de discernimento entre boas e más ações.

Tadashi também é importante mesmo após sua morte, pois sua perda ajuda no crescimento do irmão mais novo. A morte faz parte da vida. A perda nunca será algo bom para ninguém, mas a maneira como lidamos com ela é que é fundamental e *Operação Big Hero* cumpre a proposta de deixar essa lição.

O segundo ponto importante abordado é: escolha bem suas amizades. Tadashi teve grandes amigos à sua volta em seu pior momento, que se importaram com o seu bem-estar graças aos seus grandes corações. Em seguida, ajudaram o Harada caçula em sua empreitada, mostrando mais uma vez o valor da amizade. É importante estarmos cercados por pessoas que desejam e lutam por nosso melhor, pois são pilares para seguirmos em frente. Ter pessoas desse valor, sejam parentes ou amigos, ameniza nossa dor, pois são fontes de inspiração.

A amizade verdadeira do filme influencia o terceiro tema do longa que é acreditar em nós mesmos e encorajar os demais. Tadashi foi o principal incentivador do irmão, e os amigos também seguiram seu exemplo com o passar da história. Juntos, foram fortes em prol de uma causa, graças ao trabalho em grupo. Se no segundo tema de *Operação Big Hero* devemos estar cercados por amigos verdadeiros, o mesmo vale para oferecermos também a nossa mais sincera amizade. Ser uma pessoa que ajuda e incentiva também é essencial para apoiar quem mais precisa.

ENROLADOS
(2010)

"Tantos dias olhando das janelas. Tantos anos presa sem saber. Tanto tempo nunca percebendo. Como tentei não ver?"

Rapunzel

"A vida é o que fazemos dela". A frase pode ser batida, mas certamente seu significado não é. Muitas vezes estamos tão mergulhados em nossa rotina que nos esquecemos que viver é muito mais do que trabalhar, pagar contas e envelhecer. E quando nos conformamos com nossa realidade, deixamos de lado questões instigantes, como: "por que estou aqui?" e "por que estou fazendo isso?" – fazendo com que nossa vida não saia do lugar. Assim surge o motor da história de *Enrolados*, um filme sobre a importância de não aceitar – e aí vem outro clichê – "a vida como ela é".

Dirigido pela dupla Byron Howard e Nathan Greno, *Enrolados* apresenta como protagonista Rapunzel, uma princesa cujos cabelos dourados possuem o dom da cura. Ainda bebê, a garota é sequestrada por Gothel, uma vilã que cobiça a dádiva de Rapunzel e a isola em uma torre, onde a menina cresce sem saber de suas verdadeiras origens, enquanto em todos seus aniversários o reino envia lanternas para o céu na esperança de conduzir a princesa de volta ao seu lar.

Prestes a completar 18 anos, Rapunzel é surpreendida em seu isolamento por Flynn, um ladrão em fuga por ter roubado a tiara da princesa desaparecida do reino. Após uma bela bordoada da nada indefesa protagonista, ambos fazem um trato: se Flynn ajudá-la a escapar da torre para ver de perto as lanternas que aparecem em seu aniversário e conduzi-la de volta à torre sem que Gothel saiba, ela devolverá ao ladrão a tiara roubada. Em meio a tal viagem, ambos são perseguidos pela guarda real e acabam cercados em uma caverna, onde só conseguem escapar graças ao auxílio de Rapunzel e seus cabelos mágicos.

Assim, tornando-se mais confiantes e atraídos um pelo outro, Flynn revela à Rapunzel seu verdadeiro nome, José Bezerra, enquanto também se dá conta de que não é mais a tiara o que deseja, mas Rapunzel. Neste ínterim, o casal é surpreendido por Gothel e a guarda real. José é condenado à morte, enquanto a protagonista é levada de volta à torre. O povo da taberna, no entanto, salva o ladrão, que segue para resgatar Rapunzel enquanto esta finalmente descobre a verdade sobre quem é. Quando José encontra Rapunzel, é esfaqueado por Gothel, o que faz a princesa prometer ficar com a vilã para sempre se ela permitir a cura do rapaz. José, no entanto, apressa-se em cortar os cabelos de Rapunzel para impedir o sacrifício da moça. O ato, surpreendentemente, desencadeia o envelhecimento súbito de Gothel, que acaba despencando da torre para a morte. José morre diante da princesa, mas esta, ao deixar uma lágrima cair no rosto do homem, faz com que ele seja trazido de volta à vida, mostrando que seu poder está no sangue. Assim, Rapunzel é conduzida de volta à família, adquirindo finalmente sua liberdade e vivendo um final feliz ao lado de José.

Enrolados é uma história sobre como o mundo pode tentar nos privar da experiência de explorá-lo, e discute o papel que temos sobre nossas próprias escolhas, cabendo apenas a nós mesmos tomarmos a iniciativa de questionar a realidade à nossa volta e sair de nossas próprias torres. O caminho pode não ser fácil, afinal, é muito mais cômodo viver aquilo que já conhecemos a aventurar-se pelo desconhecido. Porém, a recompensa da busca em tornar a sua vida extraordinária é algo capaz de nos transformar para sempre, como prova a corajosa Rapunzel ao trilhar o caminho novo que se colocou em sua frente, e passar de jovem enclausurada e sem perspectivas à princesa.

O que *Enrolados* nos ensina de mais precioso? Que não devemos hesitar em questionar nosso mundo e mudar. As rotinas podem diminuir a sua experiência como ser humano, portanto é preciso perseguir novas perspectivas e fazer da liberdade o maior bem possível. Não aceite, portanto, a vida como ela é – faça-a você mesmo.

PETER PAN
(1953)

"Tudo o que você precisa é de fé, confiança e um pouco de pó mágico."
Peter Pan

Se a Disney no ensina em *Operação Big Hero* a importância de amadurecer, um processo importante em nossa vida, mais de meio século antes ela vem nos mostrando em um de seus maiores clássicos que o inverso também tem o seu valor: nunca perder a criança em nosso interior. Ficar mais velho, acumular experiência e compartilhar conhecimento são elementos que formam a vida adulta, mas dar espaço à brincadeira e à diversão, para que possamos alimentar a alma, também deve ser parte de nosso ser, mesmo com idade já avançada.

Peter Pan, dirigido por Wilfred Jackson, Clyde Geronimi, Hamilton Luske e Jack Kinney, se tornou o símbolo de nossa época mais divertida, a infância. Claro que não devemos levar ao pé da letra o fato de o jovem não crescer, mas, sim, a metáfora de que não podemos esquecer de ser jovens.

Baseado na história de J. M. Barrie, *Peter Pan* conta a história de um garoto que vive em um mundo fantástico onde o tempo não age sobre as pessoas. Assim, quem é jovem, como Peter, não sofre a ação do tempo.

Narrada pela garota Wendy, já adulta, que relembra sua maior aventura quando criança, a história nos leva até a Inglaterra vitoriana, para a casa dos Darling. Em uma noite qualquer, Peter Pan surge em uma das janelas da família e convence Wendy e seus irmãos, João e Miguel, a conhecer o local onde vive, a Terra do Nunca. Para conseguir chegar a esse lugar encantado, ele dá aos irmãos um pó mágico que pode fazer voar aqueles que possuírem pensamentos positivos.

Os irmãos ingleses chegam à Terra do Nunca, uma ilha paradisíaca com criaturas fantásticas. Além delas e do próprio menino voador, lá vivem os Garotos Perdidos, a fada Sininho e os perigosos piratas liderados pelo capitão Gancho. No lugar, Peter Pan e seus amigos experimentam diversas aventuras contra os piratas, já que Gancho quer se vingar do protagonista, acusando-o de ser o responsável por tê-lo feito perder uma das mãos para um crocodilo.

Neste filme em especial, a Disney quer mostrar algo que faz parte dela mesma, um elemento importante para a própria empresa e para o seu funcionamento. Em suas animações, filmes, parques, atrações ou qualquer produto, ela nos lembra de "nunca perdermos a criança dentro de nós". Em um primeiro momento, pode até parecer que vai de encontro a outros filmes cuja mensagem é saber amadurecer e crescer. No entanto, se olharmos com atenção, as duas mensagens se completam.

Temos, sim, que amadurecer, pois envelhecer e ter responsabilidade faz parte da vida. Porém, *Peter Pan* representa algo importante, algo que nunca devemos perder de vista: nossa criança interior. Mesmo ao chegar à fase adulta, não devemos deixar de fazer o que traz felicidade: brincar com os mais novos ou com nossos amigos e respeitar os demais com a mesma pureza de quando éramos mais novos. Alegrar-se com coisas simples faz com que tenhamos sempre a alma tranquila, leve e pronta para enfrentar os problemas do cotidiano. Não temos a opção de deixar de crescer como Peter, mas podemos ter uma mente menos "ranzinza", mais alegre e que gosta de se divertir.

A segunda grande mensagem das aventuras de *Peter Pan* diz respeito aos seus companheiros de viagem, os irmãos Darling. Algo recorrente em diversos filmes, livros e histórias em geral, viver a aventura e voltar para casa é de grande importância para todos. Desbravar novos caminhos faz parte da gente, assim como a vontade de voltar para nossas raízes. Wendy experimentou a aventura, mas no final quis voltar para casa. Gostamos e procuramos experiências inéditas em nossa vida na forma de novos desafios, grandes viagens ou novidades que mexam com o marasmo. No final, porém, sempre voltamos para nosso lar, para junto de quem mais gostamos.

FROZEN
(2013)

"A liberdade veio enfim para mim."
Elsa

Nem sempre o mundo nos permite ser quem realmente somos. O preço da negação de nossa identidade é sempre muito caro: passamos a vida privando-nos daquilo que é capaz de nos trazer a verdadeira felicidade apenas para não chocar, desapontar ou ofender. Revoltar-se contra tal condição e libertar-se das amarras que insistem em nos oprimir é o cerne de *Frozen*, uma comovente história de amor e autodescoberta.

Dirigido por Jennifer Lee e Chris Buck, o filme narra a vida das irmãs Elsa e Anna, princesas do reino de Arendelle. Quando crianças, durante uma brincadeira, Elsa machuca acidentalmente a irmã mais nova, o que desperta em seus pais o temor acerca dos poderes incontroláveis da garota. Assim, Elsa é criada para conter suas emoções a fim de controlar sua magia, crescendo isolada da irmã e dos demais habitantes do reino.

As irmãs se tornam órfãs durante o naufrágio do navio dos pais em uma tempestade, o que torna Elsa sucessora do trono aos 21 anos de idade. No dia de sua coroação, Anna conhece o príncipe Hans e sente por ele uma instantânea atração, pedindo prematuramente a bênção da irmã para seu casamento. Elsa se recusa a permitir esse casamento repentino e, ao discutir com a irmã, acaba expondo seus poderes tão bem escondidos ao longo dos anos.

A irmã mais velha desencadeia acidentalmente um inverno eterno em Arendelle. Como forma de penitência a si mesma ela foge e ergue um palácio de gelo no alto das montanhas, exilando-se nele. Anna, por sua vez, resolve partir em busca da irmã a fim de convencê-la a voltar para o reino e tirá-lo do inverno, assim como retomar o relacionamento entre as duas por anos impedido. Durante sua jornada, acaba encontrando como companheiros de viagem Kristoff, um homem da montanha, a rena Sven e o simpático Olaf, um boneco de neve.

Quando ambas se reencontram, Elsa novamente machuca sem intenção a irmã e cria um monstro gigante para afastar o grupo do palácio antes que ela pudesse feri-los novamente.

Na fuga, Kristoff percebe que o cabelo de Anna está ficando branco, descobrindo por meio dos trolls que seu coração fora congelado pela irmã e somente um ato de amor verdadeiro poderia salvá-la. Assim, Kristoff decide levá-la ao príncipe Hans, o verdadeiro amor de Anna. Ele, por sua vez, prende Elsa em Arendelle, revelando, então, seus planos de tomar o controle do trono do reino, abandonando a princesa mais nova à morte.

Nesse meio-tempo, Elsa escapa de sua prisão e, quando está prestes a ser morta por Hans, é salva pela irmã, que se coloca na sua frente e fica congelada. Desesperada pelo sacrifício de Anna, Elsa chora, fazendo com que o gelo derreta em razão do ato de amor verdadeiro. A princesa mais velha toma controle pleno de seus poderes e acaba com o inverno no reino, retomando o relacionamento com Anna em um dos finais mais felizes do universo Disney.

Frozen levanta uma questão importante para nossa formação como indivíduos: vale a pena viver em função do que o outro considera correto? Elsa passou anos de sua vida reprimindo seus poderes – parte fundamental de sua identidade. Em lugar de descobrir suas potencialidades e aprender a lidar com elas, a princesa foi forçada a oprimi-las em razão do que poderia causar aos outros, gerando para si medo e desolação. Se à Elsa, como a muitos de nós, fosse dada a oportunidade de se entregar à sua verdadeira natureza desde o princípio, tanto ela como nós teríamos a chance de nos desenvolver melhor como seres humanos para nos tornar verdadeiramente capazes de ser felizes conosco. E quando somos assim, felizes, nosso amor contagia o mundo.

É preciso, portanto, nos livrarmos das amarras que nos impedem de sermos nós mesmos e percorrer o caminho do autoconhecimento, jamais esquecendo que, ao nosso lado, temos pessoas cujo amor puro e incondicional nos lembra a razão pela qual vale a pena viver neste difícil e fantástico mundo.

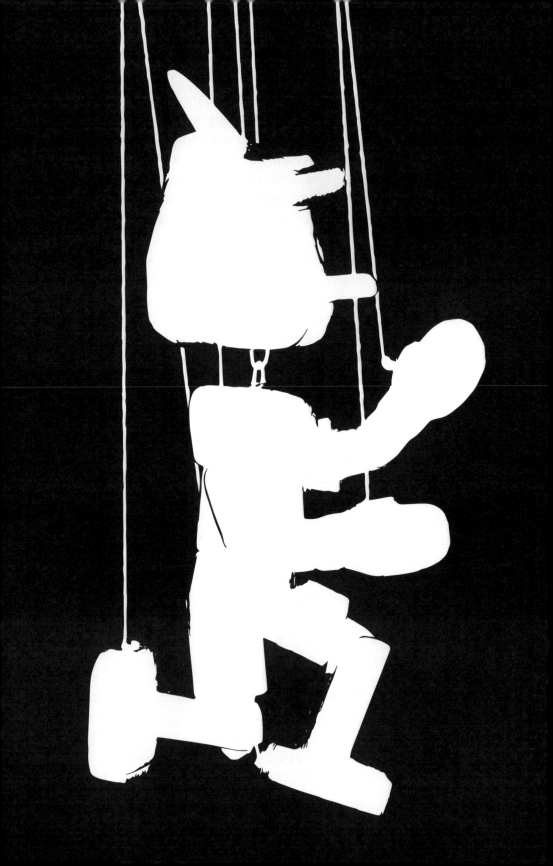

PINÓQUIO
(1940)

"A consciência é aquela voz pequena
e contínua que as pessoas não ouvem."
Grilo Falante

Educar os mais novos não é uma tarefa fácil. O mundo que nos cerca é formado pelo que há de melhor e pior na humanidade. Ensinar aos jovens o discernimento necessário para se comportar em sociedade e respeitar os semelhantes é algo que requer atenção e bastante zelo. Um dos elementos mais presentes e prejudicais às pessoas é a mentira.

O falso testemunho e tudo que envolve a falta da verdade são as piores coisas que podem acontecer a uma pessoa ou um grupo. A mentira corrompe e engana, tornando-se cada vez maior à medida que ela ganha corpo e importância. Mentir é um tema sério, que deve ser levado em consideração na educação de todos.

Pinóquio é um romance infantojuvenil italiano criado por Carlo Collodi, que o publicou no ano de 1883. Nele, a mentira é tratada como um dos temas principais por meio da história de um garoto feito inteiramente de madeira, um boneco que sonhava se tornar um ser humano de verdade e com muito a aprender.

O criador do boneco Pinóquio foi o carpinteiro Gepeto. Graças à sua habilidade com a madeira, foi capaz de construir uma marionete na forma de um menino de rara qualidade. Maravilhado com sua obra-prima, fez um pedido a uma estrela cadente: que sua criação deixasse de ser uma simples peça madeira e se tornasse uma criança.

O carpinteiro foi atendido pela magia da Fada Azul, que concede o desejo ao ancião, dando movimento e consciência a *Pinóquio*. A fada também elege o Grilo Falante como mentor do garoto, que faria a vez de sua consciência, aconselhando e o ajudando nos momentos de enrascada.

Começam então as aventuras do menino que descobre o lado bom e ruim do mundo. Ele acaba na Ilha dos Prazeres, sequestrado por um malfeitor, sendo transformado em um burro e escapando por um triz graças ao grilo. As aventuras e os perigos que Pinóquio enfrenta ao longo do filme contextualizam as mensagens que a Disney quis passar em seu segundo clássico para os cinemas. O maior deles é o poder da mentira: toda vez que Pinóquio mente, recurso que usa pela falta de experiência e discernimento, o nariz dele cresce. Percebe-se, na posição de espectador, que as mentiras do boneco são um grande catalisador de problemas. Isso também acontece quando usamos a mentira em nosso cotidiano.

Invariavelmente, a verdade vem à tona, assim, a mentira acaba por trazer apenas resultados negativos e problemas ainda maiores para quem apela a esse artifício. *Pinóquio*, longa dirigido pela equipe de peso Hamilton Luske, Ben Sharpsteen, T. Hee, Wilfred Jackson, Norman Ferguson, Jack Kinney e Bill Roberts, é uma lição incrível não só para os mais jovens, como também para os adultos. Um filme com mais de sete décadas e extremamente atual ao mostrar que a mentira é uma resposta fácil para enfrentarmos nossos problemas.

Totalmente interligado à mensagem dos males da mentira está a maneira como a Disney nos mostra a importância de lidarmos com as consequências de suas escolhas. No momento que Pinóquio ganha vida, está livre das cordas que o controlavam, ou seja, deixou de ser um objeto inanimado para se tornar um ser livre. E a alegoria nos mostra que, ao amadurecermos, temos que tomar cuidado com as decisões que tomamos e os caminhos que escolhemos. Ouvir nossa consciência, algo que temos que esculpir com o mesmo carinho que Gepeto teve com o boneco, é essencial. Ouvir os pais, mais velhos e amigos verdadeiros é um diferencial que não podemos deixar de lado. O bem e o mal estão ao alcance de todos e cabe a nós decidir qual caminho seguir.

MULAN
(1998)

"A flor que desabrocha na adversidade é a mais bela de todas."
Fa Zhou

Viver é um grande desafio, especialmente para os que se atrevem a tomar as rédeas do próprio destino. Estes entendem que as adversidades da vida são importantes para o nosso amadurecimento e rejeitam os "ensinamentos" daqueles que julgam saber, mais do que você mesmo, o que é adequado para sua vida. Ser dono de si, portanto, é um feito de natureza monumental, retratado com maestria na inspiradora história da heroína Mulan.

Mulan é uma jovem que, ao descobrir que o pai – único homem da família – fora convocado pelo exército chinês para a guerra e sentir-se temerosa por sua saúde frágil, resolve se passar por "filho" para se alistar em seu lugar. Ao descobrir as intenções da jovem, a avó da moça reza pela intercessão de seus ancestrais em sua proteção, os quais respondem enviando a ajuda do Grande Dragão de Pedra. Mushu, um pequeno dragão, é enviado para despertar o Dragão de Pedra, mas, ao destruí-lo por acidente, decide assumir para si a responsabilidade de proteger Mulan.

A protagonista é aprovada no crivo do exército e, sob o comando do capitão Lee Shang, aperfeiçoa suas habilidades como "guerreiro". Certo dia, quando o exército integrado por Mulan parte para as montanhas, os chineses acabam cercados pelos hunos, mas a ação rápida da heroína faz com que a maioria dos inimigos seja soterrada por uma avalanche. Neste ínterim, a jovem é ferida pelo vilão Shan-Yu, líder dos hunos, o que acaba revelando aos demais seu verdadeiro gênero.

Ao descobrir o segredo de Mulan, Shang a expulsa do exército, deixando-a para trás enquanto as tropas rumam em direção à Cidade Imperial. Mulan descobre, no entanto, que muitos dos inimigos não só sobreviveram ao ataque nas montanhas como planejam capturar o Imperador da China, o que a motiva a partir para alertar Lee Shang. Após algumas barreiras vencidas para convencê-lo do ataque iminente,

Mulan acaba recebendo o apoio de seus ainda fiéis companheiros de exército, além do próprio capitão. Eles descobrem a respeito da captura do imperador e decidem entrar no palácio para enfrentar os inimigos.

A heroína confronta novamente Shan-Yu, dessa vez derrotando-o com o auxílio do valente Mushu. O imperador chinês, reconhecendo seus feitos heroicos, convida-a para ser sua conselheira – oferta que recusa para que possa voltar à sua casa e reencontrar a tão querida família. No fim da obra, no retorno ao lar, Mulan recebe a visita do capitão Shang, que se mostra visivelmente apaixonado pela destemida guerreira.

Mulan enfrentou ao longo de sua trajetória diversas dúvidas quanto às suas capacidades, seja no tradicional papel feminino imposto pela sociedade, seja como "homem". Não importa o que fizesse, jamais era tida como boa o suficiente para casar ou guerrear. Quantos de nós também nos vemos em igual situação, sendo constantemente julgados pelo que fazemos ou deixamos de fazer? Sabemos como tais adversidades são capazes de minar nossa autoconfiança, mas em *Mulan* é mostrado que é possível nos tornarmos donos de nós mesmos. Não foi um processo fácil: a jovem muitas vezes caiu, mas reergueu-se mais forte e abraçou suas forças e fraquezas inerentes para tornar-se cada vez mais consciente de si e do que era necessário para atingir seus objetivos.

Mais que uma jornada pela salvação do pai e do país, Mulan passou por grande transformação interna ao se descobrir não um ser frágil, como a sociedade tentou convencê-la, mas uma guerreira. E tal fibra não se origina da guerra, mas da determinação que nasce quando acreditamos que podemos ser nossos próprios heróis.

O PLANETA DO TESOURO
(2002)

"Agora me escute, James Hawkins. Há muita nobreza em você, mas deve pegar o leme e traçar seu próprio curso."
Long John Silver

Uma das aflições que mais atingem o ser humano é encontrar um rumo para sua vida. Principalmente na adolescência, nós nos afligimos ao não ter certeza sobre o futuro, se teremos sucesso, qual caminho trilhar, que carreira seguir e assim por diante. Família, amigos, professores, instituições e muitos outros personagens ao longo de nossa vida tentam nos ajudar e aconselhar ou nos influenciam, mesmo que indiretamente. Mas será que nosso caminho deve ser traçado seguindo o exemplo de alguém? James Hawkins, o protagonista de *O planeta do tesouro*, sofre com todas essas questões. "O que devo fazer da minha vida?"

Baseado no livro *Treasure Planet*, de Robert Louis Stevenson, escrito em 1883, *O planeta do tesouro* é uma releitura do original, mas que consegue manter sua essência e o principal: as aventuras com piratas. No filme, o planeta Terra dá lugar ao espaço sideral. Os navios são grandes espaçonaves, capazes de transportar pessoas e mercadorias por toda a galáxia. O estilo *steampunk*, no qual a alta tecnologia se mistura com um período antigo da Terra, como o vitoriano, nos brinda com raios lasers e portais dimensionais enquanto as naves possuem formato de grandes barcos movidos a energia semelhante à eólica.

O protagonista desse longa-metragem, dirigido por Ron Clements e John Musker, é o adolescente James Hawkins. Criado pela mãe, Sarah, dona da estalagem Benbow, James, ou Jim, é tratado como um fracassado pelos demais, um garoto que só causa problemas para sua mãe e vive em apuros com a força policial. Sua vida muda radicalmente quando uma nave desconhecida cai na frente da pousada de sua mãe, comandada por Billy Bones, um ser que estava em fuga. Bones entrega uma esfera para Jim antes de morrer, uma espécie de mapa para encontrar o lendário Planeta do Tesouro, local onde estaria o Butim de Mil Galáxias, tesouro acumulado pelo famoso pirata Nathaniel Flint ao longo de sua vida de saques.

Junto com o doutor Delbert Doppler e a capitã Amelia, Jim parte na busca do tal planeta e vê a jornada como uma oportunidade de dar sentido à sua vida, para que sua mãe sinta orgulho dele. Na viagem, tem que lidar com a tripulação de seu navio e conhece Long John Silver, o "cozinheiro", que o ajuda e se torna um grande amigo, vindo aos poucos a se tornar uma figura paterna para Jim.

As lições da Disney de *Planeta do tesouro* podem ser divididas para Jim e Silver. No que se refere ao garoto, a grande mensagem é que cada um deve trilhar seu próprio caminho, acreditar em seu potencial e não desistir com os golpes da vida ou as críticas das demais pessoas. Nosso crescimento pessoal está relacionado ao nosso esforço, escolhas e à ajuda dos que nos são caros.

Jim era o chamado "rebelde sem causa", alguém que não se preocupava com o futuro, mas seu comportamento era ruim para ele e sua mãe. A aventura na qual ele embarca está relacionada de forma alegórica ao nosso desenvolvimento pessoal. Aqui, a Disney toca mais uma vez no assunto do amadurecimento. Na busca pelo Butim de Mil Galáxias, Jim descobre novas pessoas, aprende, se esforça, se preocupa em fazer um bom trabalho e adquire responsabilidades. Todos esses passos começam a moldar sua personalidade e sua maneira de pensar. Apesar do convívio com outros personagens e o enfrentamento com as situações da viagem, o resultado das escolhas do jovem está diretamente ligado ao que ele fez ao longo da busca pelo tesouro. Quando volta para casa é um novo homem, com mais convicção a respeito de seu futuro.

O tema central está focado em Jim, mas as grandes lições vêm de outro personagem: Long John Silver. O velho pirata que buscou o tesouro por toda sua vida tinha tudo para ser apenas mais uma pessoa gananciosa, que visava o lucro acima de tudo. Mas o que temos é um personagem profundo, capaz de atitudes cruéis, mas também capaz de se afeiçoar a Jim. Sua jornada pessoal ao longo do filme é tocante e cheia de brilho. Sua redenção ao deixar sua busca pessoal – responsável por consumir toda a sua vida – de lado para ajudar Jim é uma lição a ser valorizada.

Silver se tornou um legítimo ponto de referência para Jim, pois ensinou-lhe lições valorosas. Ao longo do filme suas reais intenções são reveladas, mas seu tratamento para com o garoto nunca mudou. Ele é um forte exemplo de que nunca se é tarde demais para arrepender-se ou mudar de conduta. Em vez de eliminar tudo em seu caminho, preferiu salvar Jim. A redenção desse personagem é uma das maiores lições que a Disney mostrou em suas produções cinematográficas nos últimos tempos.

TARZAN
(1999)

"Não importa aonde eu vá,
você sempre será minha mãe."

Tarzan

Quando a África se tornou o grande palco para as aventuras no início do século, poucas histórias se tornaram tão importantes para o imaginário coletivo como *Tarzan*. Inspirada no livro *Tarzan of the Apes*, de Edgar Rice Burroughs, lançado em 1914, a trajetória do garoto que pertence a dois mundos tão distintos e ao mesmo tempo próximos é inspiradora e admirada até hoje por aqueles que gostam de uma grande história.

Mesmo revitalizada, com alguns elementos bastante atuais, a Disney não só trouxe o clássico para uma linguagem contemporânea como destacou muito do que *Tarzan* pode nos oferecer além de passeios por cipós e enfrentamentos de animais ameaçadores. *Tarzan*, dirigido por Chris Buck e Kevin Lima, é uma análise de nosso crescimento pessoal, aceitação daquilo que é diferente e uma forma incrível de demonstrar a naturalidade acerca de um tema importante: a adoção.

Em *Tarzan*, após um acidente em alto mar na costa africana, um casal inglês sobrevive a um naufrágio junto com seu filho recém-nascido. Após alcançar terra firme, um leopardo, chamado Sabor, mata o casal. Porém, uma gorila fêmea, Kala, encontra o menino antes que ele tenha o mesmo destino dos pais e o cria como seu filhote, mesmo contra a vontade de seu companheiro Kerchak, líder de sua espécie. Criado como um gorila, Tarzan só conhece outros seres humanos quando adulto: o explorador Archimedes Porter, sua filha Jane e o caçador Clayton. Pai e filha foram à África para estudar a natureza, enquanto o caçador é uma espécie de guia para os aventureiros. Com os novos conhecidos, Tarzan aprende alguns elementos da sociedade em que nunca viveu, como se comunicar e andar ereto, além disso, apaixona-se por Jane.

Com o convívio com outros de sua espécie, Tarzan fica dividido entre estar com os seres humanos, principalmente com Jane, e deixar para trás aqueles que o criaram, já que os Porter querem levá-lo de volta à civilização. Tarzan resolve partir para a cidade com os demais personagens humanos, mas tudo muda de figura quando Clayton revela sua verdadeira intenção: caçar os gorilas – o que faz o protagonista retornar à África. No final, Tarzan consegue salvar os animais que o criaram e conviver em harmonia tanto com animais quanto humanos.

A história de *Tarzan* é rica e só ganhou importância ao longo do século xx após diversos filmes, contos, histórias e, também, o próprio longa da Disney. Dentre as mais importantes mensagens da história, podemos destacar a busca pela identidade que cada um de nós empreende ao fazer parte de uma sociedade. Ser aceito por um grupo é geralmente complicado, pois queremos fazer parte de algo ao longo de nossa vida.

Tarzan sofre duas vezes, pois, ainda criança, é rejeitado pelo líder dos gorilas por ser um humano. O mesmo acontece já adulto, quando precisa se esforçar para se adequar à sua própria espécie. Principalmente no segundo caso, algo importante mostrado em *Tarzan* é a importância de nunca nos esquecermos de nossas raízes e família. Quando mudamos de cidade ou país, por exemplo, na busca de desenvolvimento pessoal, ter a ciência de nossas raízes faz com que continuemos firmes. Ao mesmo tempo, *Tarzan* também nos mostra que nunca devemos ir contra outras culturas ou sociedades. O diferente possui seu valor e o respeito aos demais é essencial. Não podemos agir como o gorila ou os humanos que não queriam a presença de Tarzan. Acolher e respeitar são ações dignas que devemos espalhar a todos.

Além de uma grande animação, o filme da Disney é também uma ferramenta para abordar um assunto delicado e muito importante para determinadas crianças. O filme de *Tarzan* nos chama a atenção para o tema da adoção, geralmente difícil de lidar com os mais novos, caso os pais adotivos não tratem o tópico com naturalidade.

O filme pode ser usado para mostrar às crianças adotadas sua realidade e ajudá-las a entender sua condição como algo extremamente natural. Tarzan for adotado pelos gorilas como um igual e o menino se mostrou totalmente integrado ao seu novo lar, longe da civilização humana. O mesmo deve ser feito com as crianças adotadas. O filme é um meio para mostrar que a verdadeira família é aquela que está junto nos momentos mais importantes, por todo o amadurecimento. A criação, o convívio e o amor, são o que, de fato, importa.

URSINHO POOH:
UM ANO MUITO FELIZ
(2011)

"Não percebemos que estávamos criando lembranças, só sabíamos que estávamos nos divertindo."

Pooh

Asuperação é um dos temas mais recorrentes nas produções humanas, sejam elas literárias, cinematográficas ou qualquer outra maneira de se transmitir uma mensagem ou se contar uma história. Trata-se de um ponto importante para aqueles que buscam algo a mais na vida e quase sempre é o combustível para notáveis histórias. Grandes heróis que partem para uma grandiosa aventura ou simples seres que deixam sua condição inicial para tentar uma situação melhor são exemplos de superação. Sua aplicação requer autoconhecimento, força de vontade e garra para se conseguir os objetivos almejados.

Quando Alan Alexander Milne criou *Ursinho Pooh: um ano muito feliz*, ele escreveu também diversas aventuras para seu personagem. Para acompanhar o urso de pelúcia na constante busca por mel, seguiram-no seus fiéis e carismáticos amigos Leitão, Tigrão, Bisonho, Corujão e Abel, além, é claro, de Cristóvão, o personagem humano. O autor trouxe algo importante e, até certo ponto, improvável, nas histórias de Pooh. Milne quis colocar em seus personagens um sentimento de superação para que, juntos, vivessem suas aventuras.

Em especial no longa-metragem da Disney, *O ursinho Pooh: um ano muito feliz*, os protagonistas vivenciam suas aventuras particulares no Bosque dos 100 Acres de maneira bastante peculiar. Bisonho perde seu rabo, e os bichinhos partem em uma competição para encontrar a parte que falta ao burro. Em meio à busca, uma mensagem mal interpretada por Corujão faz com que todos acreditem que Cristóvão foi aprisionado por um vilão chamado Voltogo. Ora, um amigo perdido e raptado por um vilão? Mesmo diante do medo do que viria, a amizade é mais forte.

Os personagens do filme são muito ricos e não simples "personagens fofos". O grupo reúne diversas características, medos, anseios e personalidades. Aí, nessa riqueza, é que moram as duas grandes mensagens do filme, uma ligada à outra.

A principal mensagem é que devemos batalhar para superar nossas fraquezas. Cada personagem possui seus pontos fracos, mas lutam contra eles para ajudar os amigos. Leitão, pequeno e covarde, volta e meia se enche de coragem para ajudar os companheiros. Pooh, que ama mel, deixa a iguaria de lado quando parte em auxílio do amigo. É recorrente e importante o que as criações de Milne fazem a partir de sua força de vontade para ver seus amiguinhos bem, ainda mais com o toque da Disney em sua produção cinematográfica.

A superação e a grande amizade entre eles, a segunda grande mensagem do filme, mostram a riqueza de Pooh. De maneira singela, inocente e carismática, a superação de problemas pessoais é mostrada de forma inteligente, tornando *Ursinho Pooh* uma obra única.

O CORCUNDA DE NOTRE DAME
(1996)

"Deus fez o homem bem mais fraco do que o mal."

Claude Frollo

Em dado momento de *O corcunda de Notre Dame*, a personagem Esmeralda entra na catedral onde se passam as principais ações da história e reza pela proteção dos necessitados, ao passo que as demais pessoas fazem pedidos de amor e dinheiro para si próprias. Este breve e sublime momento de amor e cuidado com o outro sintetiza a essência da obra: mostrar a importância da empatia, que nos permite enxergar para além do próprio umbigo e entender que o bem-estar do próximo é tão fundamental para um mundo melhor quanto o nosso próprio.

A narrativa é protagonizada por Quasímodo, um homem corcunda que foi abandonado ainda bebê na porta da Catedral de Notre Dame, em Paris. Prestes a ser lançado à morte em um poço pelo arquidiácono Frollo, o temor que este último sente por um castigo divino o faz poupar a vida da criança, relegando-a por sua deformidade a uma vida de total reclusão na igreja.

Quasímodo se torna o tocador de sinos da catedral e vive sob os maus-tratos de Frollo, a quem não dirige nenhuma reclamação por nutrir sentimentos de gratidão. O jovem, como seu tutor o convence com irritante frequência, acredita que a vida em sociedade não lhe é possível por conta de sua feiura, mas ao mesmo tempo sente um forte desejo de explorar a vida para além das paredes de seu esconderijo.

Incentivado por seus amigos gárgulas falantes – Victor, Hugo e Laverne –, um dia ele finalmente decide sair da catedral para participar de um festival de camponeses, onde acaba virando motivo de cruel amolação pelas pessoas. Diante de tal espetáculo grotesco de humilhação, a cigana Esmeralda parte em defesa do corcunda, despertando o ódio de Frollo. Quando este manda prendê-la, a garota foge e encontra refúgio na Catedral de Notre Dame, contando com a ajuda de Quasímodo para escapar. Desejoso por capturar a cigana, o arquidiácono destaca o capitão da guarda, Febus, para apreender os ciganos na busca pela moça. Contudo, após tomar ciência da injustiça de Frollo, Febus se revolta e acaba sendo ferido cruelmente a mando de Frollo. Assim, o capitão é levado por Esmeralda para ser cuidado pelo bondoso corcunda, enquanto esta encontra abrigo no esconderijo dos ciganos. Ao ser reabilitado, Febus segue com Quasímodo em direção ao esconderijo de todos os ciganos da cidade – o Pátio dos Milagres –, mas acabam sendo seguidos por Frollo. Esmeralda é condenada à morte na fogueira, sendo socorrida pelo corcunda antes que o fogo a alcançasse e levada às pressas à igreja.

Neste ínterim, Febus consegue livrar a si e aos demais ciganos, incitando a multidão a atacar a horda de Frollo. O vilão tenta matar o corcunda, mas em meio ao confronto que se estabelece entre ambos e Esmeralda, acaba por despencar em um lago de chumbo derretido. Quasímodo também cai da catedral, mas é salvo em plena queda livre por Febus. O protagonista, apaixonado por Esmeralda, mas ciente do amor que surgiu entre ela e Febus, escuta o conselho da cigana e caminha pelas ruas de Paris, onde é tratado como herói e recebe a atenção que mereceu por toda sua vida.

As provações de Quasímodo ao longo da obra, brilhantemente dirigida por Gary Trousdale e Kirk Wise, são várias e geralmente desencadeadas em razão de sua aparência – o que nos leva a pensar na maneira como nós próprios tiramos conclusões sobre outras pessoas baseados em seu exterior. Isso não só é injusto como também mostra uma extrema falta de empatia; ora, quem gostaria de ser tratado dessa forma apenas por não se encaixar em um padrão da sociedade? Realizar prejulgamentos em vez de se colocar no lugar da pessoa e entender como ela se sente parece o caminho mais fácil, e é esta falta de empatia com o próximo que torna o mundo tão cruel. Praticá-la, portanto, é lembrar do vínculo que nos une como seres humanos capazes de sentir as mesmas emoções de felicidade, tristeza e dor, tratando o mundo à maneira como gostaríamos de ser tratados.

Reveja suas ações em relação ao outro, como fez Febus. Veja para além das aparências e pense no bem do outro, como fez Esmeralda. E, como fez Quasímodo, nunca deixe a bondade dentro de si se esvair, mesmo quando o mundo mostrar sua pior faceta. Afinal, o que mais importa não é o que você aparenta ser, mas aquilo que você é e o que pode oferecer de bom. Viva, portanto, pelo bem de todos e de si próprio.

POCAHONTAS
(1995)

"Às vezes, o caminho certo não é o mais fácil."
Vovó Willow

Para alguns, o que move suas escolhas é aquilo que traz sua satisfação imediata. Para outros, é o que sua voz interior aponta como o certo, ainda que isto possa resultar, com uma frequência maior do que gostaríamos, em sofrimento. Não há lado certo ou errado, mas há uma consideração fundamental sobre os que cumprem uma espécie de dever para consigo: ao permanecerem fiéis a si próprios, permitem-se experimentar o que realmente significa ser livre, como nos mostra a heroína Pocahontas.

O filme, situado em 1607, narra a história de Pocahontas, uma índia norte-americana, e seu envolvimento com o inglês John Smith. A nativa vive em uma tribo comandada pelo chefe Powhatan, seu pai, e está prometida em casamento com o guerreiro Kocoum, embora a ideia pouco lhe agrade por não se identificar com o índio. Neste ínterim, surge no Novo Mundo a expedição inglesa do governador Ratcliffe, um homem ganancioso que deseja explorar o tão falado ouro e as demais riquezas que se encontram na América. Entre os homens que desembarcam nas novas terras está o capitão John Smith, que conhece Pocahontas e logo se sente atraído e correspondido. A despeito dos conselhos do pai de não se envolver com os brancos, a heroína decide dar vazão ao amor que sente por John – sentimento este corroborado pelo sábio espírito de sua Willow, encarnado em uma árvore ancestral. O casal, porém, é descoberto por Kocoum, que tenta matar o capitão, mas acaba sendo abatido por Thomas, amigo de expedição de John, que o acompanhava às escondidas.

O pai da nativa aplica a pena de morte a John Smith. Ratcliffe, por sua vez, utiliza-se da desculpa de salvar o inglês dos índios e prepara seus homens para invadir as terras indígenas a fim de coletar o ouro que, mais tarde, se revela inexistente. Pocahontas, neste meio-tempo, luta pela vida de Smith e consegue convencer seu pai de que todos, independentemente da cor ou nacionalidade, eram irmãos. Ratcliffe se aproveita da ocasião, contra a vontade de sua expedição, e atira no chefe da tribo – John age como escudo para impedir que Powhatan fosse alvejado e uma guerra é iniciada. Assim, o governador é finalmente preso, e John Smith se vê obrigado a retornar ao país natal para curar seus ferimentos. Pocahontas tem a possibilidade de partir com seu amado, mas decide ficar com seu povo, prometendo ao inglês que estará para sempre com ele.

Diferentemente do que costuma acontecer nos filmes do universo Disney, os protagonistas não terminam juntos no fim da história. À primeira vista, somos levados a pensar que não houve o tão esperado final feliz, mas tal consideração contrasta com a própria mensagem fundamental presente em *Pocahontas*: a fidelidade aos próprios princípios. A heroína é profundamente ligada à sua terra e ao seu povo, de modo que os abandonar seria como trair a si mesma. Muitos podem pensar que seu amor por John Smith talvez não fosse tão grande, mas somente quem já se deparou com escolhas difíceis entende a coragem necessária para sacrificar uma coisa tão cara em troca de outra. Mais do que coragem, porém, o que Pocahontas nos ensina de mais valoroso em sua decisão é a liberdade de seu espírito, pois ao mostrar ter as rédeas de sua vida e fazer o que considera certo, não deve à própria consciência.

Sempre que estiver em dúvida sobre o que é certo para si próprio, deixe o que há de mais profundo em você guiar suas decisões. E mesmo que a resposta encontrada não coincida com a felicidade, ao menos você estará em paz consigo mesmo. Você, afinal, é a única pessoa que estará contigo até o último suspiro, logo nada é mais fundamental do que ser fiel a quem você realmente é por essência. E esta, sim, é a verdadeira liberdade.

ZOOTOPIA: ESSA CIDADE É O BICHO
(2016)

"A vida é um pouco confusa. Todos nós cometemos erros. Não importa qual tipo de animal você é, a mudança começa com você."

Judy Hopps

Ao longo do século xx, e intensificada nos primeiros anos do terceiro milênio, está a busca por uma sociedade mais justa, que dá voz às minorias e o devido respeito à mulher. O empoderamento feminino, inclusive, é um dos temas que tem gerado excelentes obras da Disney, que trata o assunto com a devida atenção. Em novas produções, o valor atribuído à emancipação feminina por meio de protagonistas é umas das excelentes maneiras da gigante contadora de histórias tratar de uma questão tão importante atualmente. De quebra, preconceitos também são abordados, para que a construção de uma sociedade melhor também passe pelas formas de entretenimento.

Zootopia, dirigida pela dupla Byron Howard e Rich Moore, é um dos maiores exemplos desse cenário descrito acima. Nesta história original, a sociedade humana é substituída pelos animais, que evoluíram a ponto de conviver em determinado nível de harmonia que só existe nos sonhos daqueles que lutam por igualdade nos mais variados níveis.

Judy Hopps é uma coelha que deseja se tornar policial. Para realizar seu sonho, segue para a cidade de Zootopia, local que abriga inúmeras espécies, inclusive predadores. A cidade possui todos os recursos para tornar harmoniosa a vida de todas espécies. Para realizar seu sonho, Judy precisar provar que pode ser a primeira coelha a fazer parte da força policial local. Com grande esforço, muito superior ao dos demais cadetes, a coelha consegue seu objetivo, mas, já em seu primeiro grande caso, deve solucionar o desaparecimento do marido da sra. Lontroza. Junto com a raposa Nick Wilde, cuja espécie representou o maior perigo para a família de Judy, a coelha deve mostrar seu valor e aprender a trabalhar com aqueles que um dia foram seus adversários.

Além de uma história incrível, *Zootopia* traz mensagens fortes, atuais e de grande valor. Judy é a peça-chave de duas mensagens mais importantes. Na primeira, Judy tem um sonho de se tornar policial, mas esbarra na história da corporação que nunca teve coelhos em suas fileiras. Ela acreditou e conseguiu, mesmo com todas as condições desfavoráveis. Assim, a mensagem da Disney é que "ninguém acredita mais em você do que você mesmo". Muitos que passam por nossa vida nos subestimam, e poucos são aqueles que dão algum tipo de auxílio. Somente nós, ao confiarmos em nosso "taco", temos a real condição de buscar o que desejamos ser ou ter em nossa vida.

A segunda grande mensagem com foco em Judy é o preconceito. Somente ela acreditou que um dia estaria em uma farda policial. A sociedade como um todo nunca achou que haveria um coelho na força policial. Por quê? A aparência ou alguma condição física sempre são colocadas em primeiro lugar para julgar alguém. Por exemplo, Judy é "fofa", inocente e frágil, atributos inapropriados para um policial. Ao longo da história, ela mostra o contrário, tornando-se uma mantenedora da lei sem igual.

O filme mostra que, ao evoluir, a sociedade animal conseguiu unir predadores e presas, tornando-a mais digna e avançada. No entanto, ainda há o preconceito velado, que impede determinados avanços, como coelhos serem policiais. O filme mostra que a sociedade, seja a de Zootopia ou a humana, pode evoluir como um todo, mas deve ser acompanhada pelo indivíduo, que também deve estar livre de preconceitos ou pensamentos retrógrados em relação ao que lhe é diferente.

Um último ponto a ser destacado quanto ao preconceito tratado em *Zootopia* é uma analogia à mulher na sociedade. A mulher, representada na figura de Judy, tem de lidar – além do preconceito por ser uma coelha na busca de uma vaga na polícia – com o sexismo. Ela tem de fazer o dobro ou triplo dos demais concorrentes para mostrar seu valor a cada dia, desde a escola de cadetes até o trabalho em si. Se quiser ocupar determinado espaço na sociedade, precisa ralar ainda mais do que os demais membros da sociedade. A luta por direitos igualitários exercida pela pequena coelha é algo que as mulheres sofrem em casa, no trabalho, nos estudos e em diversas outras situações. A Disney mostra por meio de seu filme uma condição atual e tenta conscientizar a todos que se deve valorizar a presença feminina na sociedade.

O CALDEIRÃO MÁGICO
(1985)

"Assustado? Esta palavra não
está em meu vocabulário."

Sr. Flores Flama

Todos nós conhecemos histórias de pessoas que deixam sua marca no mundo pela coragem de seus atos. Seja a professora que salva seus alunos de uma escola em chamas ou o jovem que adentra o mar para salvar os amigos do afogamento, essas figuras admiráveis apresentam em comum a origem enquanto seres humanos simples dos lugares mais inesperados que realizam atos de heroísmo digno dos livros. É sobre tal bravura dos anônimos que trata a história de *O caldeirão mágico*, obra em que a coragem e o amor pelo outro são os grandes protagonistas.

A narrativa, dirigida por Richard Rich e Ted Berman, nos apresenta Taran, um jovem fazendeiro que deseja uma vida de aventuras. Certo dia, o também fazendeiro Dallben conta ao rapaz que sua porquinha de estimação, Hen Wen, é na verdade um ser dotado de vidência, do qual o terrível Rei de Chifres precisa para descobrir a localização do caldeirão mágico – um objeto capaz de criar um exército de mortos-vivos às ordens de quem o manipular.

Dallben manda Taran para a floresta com o animal a fim de protegê-lo e impedir o plano maligno do vilão, mas Hen Wen acaba se perdendo do jovem. Ao procurá-la, o personagem principal conhece a simpática criatura Gurgi, e ambos flagram a porquinha ser levada pelos servos do Rei de Chifres. A despeito do medo de Gurgi, a dupla segue em busca da porca, encontrando-a em um castelo. Ao se deparar com Taran, o Rei de Chifres ameaça matar Hen Wen caso o garoto não coopere, exigindo ser informado sobre a localização do caldeirão. Diante de sua recusa e tentativa de fuga, é levado para as masmorras, onde conhece a princesa Eilonwy. Ambos iniciam sua fuga do castelo, em meio a qual salvam o bardo sr. Flores Flama e encontram uma espada mágica que os ajuda a escapar.

Ao reencontrarem Hen Wen e se certificarem de seu retorno seguro para Dallben, os aventureiros partem para

Morva, onde residem as irmãs bruxas que sugerem trocar a espada do protagonista pelo caldeirão mágico. A essa altura, eles descobrem que o único jeito de destruir o objeto é fazer com que alguém se lance para dentro dele. O grupo é capturado pelos capangas do Rei de Chifres, que levam o caldeirão consigo e ignoram a fuga do pequeno Gurgi. Enquanto o vilão finalmente invoca seu exército de mortos-vivos, Gurgi decide sacrificar-se pelos amigos e pular no caldeirão para salvar o mundo. Seu ato faz com que o exército retorne ao mundo dos mortos e o vilão seja derrotado pelo caldeirão. Ao final, o corajoso grupo reencontra as irmãs bruxas, que conferem um final feliz à história ao trazerem Gurgi de volta à vida.

A grande beleza de O caldeirão mágico não se encontra nas magias mirabolantes ou nos seres dotados de poder, mas na valentia dos seres simples. Não são, como é importante lembrar, criaturas de coragem inabalável, mas todos os personagens enfrentam seus medos de maneiras distintas, e são justamente suas fragilidades que nos conectam a eles. Os heróis desta obra são os que vemos nas ruas e nos noticiários: seres que lutam com o pouco que têm para mudar o mundo. A obra, assim, mostra que todos somos capazes de atos heroicos, independentemente de nossas origens; e que o sacrifício que fazemos pelos nossos amigos jamais é esquecido se os laços que criamos com eles são feitos de amor, lealdade e sincero desejo pelo bem-estar mútuo.

TIPOGRAFIA	GOTHAM E DK UMPELSTILTSKIN
PAPEL DE MIOLO	OFF SET 90g/m^2
PAPEL DE CAPA	CARTÃO 250g/m^2
IMPRESSÃO	IMPRENSA DA FÉ